100
RECETTES À DÉVORER

PLATS DU SOIR
préparés à l'avance !

SOLAR
EDITIONS

Direction éditoriale : Didier Férat
Édition : Diane Monserat
Création de la couverture : Claire Guigal
Adaptation de la couverture : Stéphanie Aparicio
Mise en page & Photogravure : Nord Compo
Fabrication : Laurence Duboscq

Solar | un département **place des éditeurs**

place
des
éditeurs

ISBN : 978-2-263-15408-9
Code éditeur : S15408
Dépôt légal : janvier 2018
Imprimé en Espagne par Macrolibros

SOMMAIRE

Des idées de menus...

SO VEGGIE

Velouté de courgettes ail et fines herbes, p. 24

Lasagnes végétariennes aux aubergines grillées, p. 62

Flan pâtissier au lait d'avoine et thé vert, p. 164

AUX SAVEURS D'AILLEURS

Soupe à l'orientale, p. 16

Pilaf de chou-fleur, ananas et patate douce, p. 106

Flan à la mangue et au lait de coco, p. 161

POUR LES ENFANTS

Croque cake, p. 48

Tomates farcies, p. 94

Compote pomme-poire, p. 144

... à préparer à l'avance

POUR LES GRANDES TABLÉES

Minestrone à l'épeautre, p. 14

Meet balls de boeuf gratinées, p. 74

Gâteau superfacile aux prunes, p. 174

POUR DES SOIRÉES COCOONING

Soupe à l'oignon et tartine au mont-d'or, p. 23

Gratin de crozets à la fondue de poireaux, p. 72

Fondant au chocolat, p. 187

POUR DES ENVIES DE FRAÎCHEUR

Soupe de tomates au miel et à la feta, p. 6

Navarin d'agneau printanier, p. 124

Panna cotta aux framboises, p. 158

SOUPE DE TOMATES
au miel et à la feta

Pour 4 personnes
Préparation :
20 min + 5 min
Cuisson : 20 min
Réfrigération : 2 h
Conservation : 24 h
au réfrigérateur

À préparer à l'avance
800 g de tomates olivettes en grappes
2 cuil. à soupe de miel de thym
1 petit morceau de céleri-branche
2 oignons nouveaux
2 cuil. à soupe d'huile d'olive fruitée
Sel et poivre

Le jour J
60 g de feta
3 brins de cerfeuil

1. Rincez les tomates et coupez-les en quatre en éliminant une partie des graines. Rincez le céleri et les oignons nouveaux, puis émincez-les.

2. Préchauffez le four à 180 °C (th. 6).

3. Sur une plaque à pâtisserie antiadhésive, étalez les quartiers de tomate. Ajoutez les oignons et le céleri émincés. Salez, poivrez, arrosez d'huile d'olive et de miel. Enfournez pour 20 minutes.

4. Versez les légumes cuits dans un blender avec 30 cl d'eau. Mixez finement, puis ajustez l'assaisonnement et la quantité d'eau. Placez au réfrigérateur jusqu'au moment de servir (2 heures minimum).

5. Le jour J, rincez le cerfeuil et effeuillez-le. Coupez la feta en petits dés. Répartissez la soupe dans 4 bols et dégustez-la froide avec les dés de feta et le cerfeuil.

SPÉCIAL
SAVEURS D'ÉTÉ

SOUPE DE POIS CHICHES
au cumin, mouillettes au fromage de brebis

Pour 4 personnes
Préparation :
20 min + 5 min
Cuisson : 25 min + 5 min
Conservation : 48 h
au réfrigérateur

À préparer à l'avance
300 g de pois chiches
en bocal
2 pincées de cumin
en poudre
1 carotte
1 poireau
1 courgette
1 poivron vert
1 gousse d'ail
4 tiges de coriandre

Le jour J
120 g de fromage de brebis
frais
100 g de baguette au pavot
2 cuil. à soupe d'huile d'olive
Sel et poivre

1. Pelez la carotte, lavez-la et coupez-la en dés. Fendez le poireau en deux, rincez-le sous l'eau courante et émincez-le. Lavez la courgette et le poivron et coupez-les en petits dés (éliminez les graines du poivron).

2. Rincez la coriandre, effeuillez-la délicatement et réservez-la pour décorer les assiettes. Pelez et hachez l'ail. Égouttez et rincez les pois chiches.

3. Dans une cocotte, portez 75 cl d'eau à ébullition. Mettez l'ail et tous les légumes, sauf les pois chiches. Salez, poivrez et ajoutez le cumin en poudre. Couvrez et laissez mijoter 20 minutes à feu moyen. Ajoutez les pois chiches et laissez chauffer 5 minutes supplémentaires. Mixez le potage et rectifiez l'assaisonnement. Laissez refroidir, puis réservez au réfrigérateur.

4. Le jour J, découpez la baguette en 4 parts, découpez ces morceaux en mouillettes et tartinez-les de fromage de brebis. Saupoudrez de poivre et arrosez de quelques gouttes d'huile d'olive. Répartissez le potage bien chaud dans des assiettes creuses. Décorez d'un filet d'huile et de feuilles de coriandre. Servez les mouillettes à part.

SPÉCIAL SAVEURS VENUES D'AILLEURS

POTAGE DE LENTILLES
aux saucisses grillées

Pour 4 personnes
Préparation :
25 min + 5 min
Cuisson : 30 min + 6 min
Conservation : 24 h
au réfrigérateur

À préparer à l'avance
250 g de lentilles vertes
2 carottes
1 oignon
1 poireau
1 pomme de terre
1 gousse d'ail
1 brin de thym
1 feuille de laurier
1 cube de bouillon
de légumes
Poivre

Le jour J
4 saucisses de Toulouse

1. Pelez les carottes, lavez-les et coupez-les en fines rondelles. Pelez et hachez l'oignon. Lavez le poireau après l'avoir fendu dans la longueur, puis émincez-le. Pelez la pomme de terre, lavez-la et coupez-la en petits dés. Pelez et hachez l'ail.

2. Dans une grande cocotte, faites chauffer 2 l d'eau. Ajoutez le cube de bouillon de légumes, les lentilles, le thym, le laurier, tous les légumes et l'ail. Poivrez, couvrez et laissez mijoter 30 minutes à feu doux.

3. Ôtez le thym et le laurier et mixez partiellement la soupe avec un plongeur, directement dans la cocotte. Laissez refroidir, puis réservez au réfrigérateur.

4. Le jour J, coupez les saucisses en rondelles un peu épaisses et faites-les griller à feu vif dans une poêle, sans matière grasse, 3 minutes sur chaque face. Pendant ce temps, réchauffez la soupe.

5. Répartissez la soupe chaude dans les bols, ajoutez des rondelles de saucisse grillée et dégustez aussitôt.

POUR LES SOIRÉES D'HIVER

POTAGE À L'INDIENNE,
naans au fromage

Pour 4 personnes
Préparation :
25 min + 5 min
Cuisson : 30 min + 5 min
Conservation : 48 h
au réfrigérateur

À préparer à l'avance
1 aubergine
1 courgette
3 tomates
3 pommes de terre
1 oignon
1 gousse d'ail
2 brins de coriandre
2 cuil. à soupe d'huile d'olive
1 cuil. à café de curry indien
Sel et poivre

Le jour J
1 yaourt au lait entier
2 naans (pains indiens)
2 Vache qui rit®
2 brins de coriandre

1. Lavez l'aubergine, la courgette et les tomates, puis coupez-les en dés. Pelez les pommes de terre, lavez-les et coupez-les en dés. Pelez l'ail et l'oignon, puis hachez-les. Rincez la coriandre et effeuillez-la.

2. Faites chauffer l'huile dans une cocotte. Ajoutez l'ail et l'oignon et faites-les dorer à feu doux pendant 5 minutes en remuant. Saupoudrez de curry, salez, poivrez, puis ajoutez tous les légumes et la coriandre. Versez 60 cl d'eau, couvrez et faites cuire 25 minutes. Mixez la soupe et réservez au réfrigérateur.

3. Le jour J, battez le yaourt à la fourchette. Ouvrez les naans en deux et tartinez-les de fromage fondu. Faites-les chauffer 1 minute au micro-ondes. Découpez-les en portions triangulaires. Réchauffez le potage quelques minutes à feu doux et répartissez-le dans des bols. Ajoutez du yaourt sur la surface, décorez de feuilles de coriandre et servez avec les naans au fromage.

SPÉCIAL SAVEURS VENUES D'AILLEURS

MINESTRONE À L'ÉPEAUTRE

Pour 8 personnes
Préparation : 35 min
Cuisson : 45 min + 5 min
Conservation : 48 h au réfrigérateur

À préparer à l'avance
2 courgettes
2 carottes
2 poireaux
200 g de haricots verts
200 g de haricots en grains égrenés
1 bouquet de basilic
2 gousses d'ail
1 oignon
100 g d'épeautre
150 g de pancetta
3 cuil. à soupe d'huile d'olive
1 cube de bouillon de légumes
Sel et poivre

Le jour J
100 g de parmesan
10 feuilles de basilic hachées

1. Lavez les courgettes et coupez-les en petits dés. Pelez et lavez les carottes, coupez-les en dés. Rincez les poireaux et émincez-les. Équeutez les haricots verts et coupez-les en deux. Rincez le basilic, effeuillez-le et hachez-le. Pelez et hachez l'ail et l'oignon. Coupez la pancetta en petits dés.

2. Faites chauffer l'huile dans une grande cocotte. Ajoutez la pancetta, l'ail et l'oignon émincés et faites-les dorer quelques minutes en remuant. Ajoutez tous les légumes et les haricots en grains. Versez 2 l d'eau, poivrez, complétez avec le cube de bouillon et les deux tiers du basilic haché. Couvrez et laissez mijoter 40 minutes.

3. Pendant ce temps, dans une casserole, faites cuire l'épeautre à l'eau salée, 15 minutes. Égouttez-le, puis ajoutez-le dans la cocotte contenant le potage. Laissez refroidir, puis réservez au réfrigérateur.

4. Le jour J, réchauffez le minestrone. Ajoutez le basilic, répartissez dans des assiettes creuses et saupoudrez de parmesan.

POUR LES GRANDES TABLÉES

SOUPE À L'ORIENTALE

Pour 4 personnes
Préparation : 10 min
Cuisson : 20 min + 5 min
Conservation :
48 h au réfrigérateur

À préparer à l'avance
250 g de pois chiches en bocal
120 g de lentilles en bocal
400 g de tomates concassées en boîte
1 oignon
6 tiges de coriandre
90 cl de bouillon de légumes
1 cuil. à café de gingembre frais finement râpé
1 cuil. à soupe d'huile d'olive
½ cuil. à café de curcuma
1 cuil. à café de sucre en poudre
Sel et poivre

Le jour J
8 tomates cerises
Quelques feuilles de coriandre

1. Pelez l'oignon et coupez-le en quatre. Mixez ensemble l'oignon, la coriandre et le gingembre assez finement. Faites revenir 3 minutes ce hachis avec l'huile dans une sauteuse, à feu vif, ajoutez le curcuma et remuez.

2. Ajoutez les tomates concassées, le sucre, salez et poivrez à votre goût. Remuez, puis ajoutez le bouillon. Laissez mijoter 6 minutes à feu assez vif. Ajoutez les pois chiches, mélangez et poursuivez la cuisson 6 minutes. Versez enfin les lentilles, remuez et laissez cuire encore 3 minutes. Laissez refroidir, puis réservez au réfrigérateur.

3. Le jour J, réchauffez la soupe, puis répartissez-la dans des bols. Déposez dessus les tomates cerises coupées en quatre et parsemez de coriandre.

SPÉCIAL
SAVEURS VENUES D'AILLEURS

SOUPE TURQUE AUX LENTILLES
et à la coriandre

Pour 6 personnes
Préparation :
20 min + 2 min
Cuisson : 35 min + 5 min
Conservation : 48 h
au réfrigérateur

À préparer à l'avance
150 g de lentilles blondes
2 carottes
1 gousse d'ail
1 oignon
5 brins de persil plat
3 brins de coriandre
1 brin de thym
2 pincées de curcuma
Sel et poivre

Le jour J
3 brins de coriandre
Le jus de ½ citron

1. Pelez, lavez et coupez les carottes en rondelles. Pelez et hachez l'ail et l'oignon. Rincez le persil et la coriandre. Hachez le persil et émincez la coriandre.

2. Dans une cocotte, faites chauffer 1,5 l d'eau. Ajoutez les lentilles, le curcuma, le thym, les rondelles de carotte, l'ail, l'oignon et le persil hachés, et la coriandre émincée. Poivrez, mais ne salez pas. Couvrez et faites cuire à feu doux pendant 35 minutes. Salez à la fin de la cuisson, quand les lentilles sont tendres.

3. Mixez la soupe finement, après avoir retiré le thym, laissez refroidir et réservez au réfrigérateur.

4. Le jour J, lavez et hachez la coriandre et réchauffez la soupe. Servez-la très chaude avec la coriandre et le jus de citron.

SPÉCIAL SAVEURS VENUES D'AILLEURS

SOUPE QUINOA,
lait de coco, poulet

Pour 6 personnes
Préparation : 20 min
Cuisson : 20 min + 5 min
Conservation : 24 h au réfrigérateur

À préparer à l'avance
150 g de quinoa
35 cl de lait de coco
300 g de blancs de poulet
100 g de mini-maïs en bocal
1 l de bouillon de volaille
1 tige de citronnelle
1 gousse d'ail
1 grosse échalote
1 piment oiseau
4 cm de gingembre
Le jus de 2 citrons verts
3 cuil. à soupe d'huile d'olive
Sel

Le jour J
½ bouquet de coriandre fraîche
1 piment oiseau

1. Épluchez et hachez l'échalote. Découpez les blancs de poulet en petites lanières. Écrasez l'ail épluché et dégermé. Détaillez le piment en rondelles. Épluchez et hachez le gingembre. Rincez bien le quinoa.

2. Dans une casserole, chauffez l'huile. Faites revenir l'ail, l'échalote, le piment, le gingembre et la citronnelle sur feu moyen 2 à 3 minutes.

3. Rincez le quinoa, puis ajoutez-le avec le bouillon de volaille et le lait de coco. Salez. Laissez mijoter doucement 10 minutes à couvert. Ajoutez le maïs et le poulet, ôtez le couvercle et laissez cuire 5 minutes. Versez le jus des citrons verts et rectifiez l'assaisonnement. Laissez refroidir, puis réservez au réfrigérateur.

4. Le jour J, lavez la coriandre, effeuillez-la et hachez-la grossièrement. Réchauffez la soupe, puis répartissez-la dans des bols et parsemez d'un peu de coriandre. Déposez sur la table le reste de coriandre et le piment coupé en rondelles pour ceux qui aiment les saveurs très relevées.

SPÉCIAL SAVEURS VENUES D'AILLEURS

SOUPE AUX PETITS POIS, *à la menthe et au lait de coco*

Pour 4 personnes
Préparation : 10 min
Cuisson : 6 min + 5 min
Conservation : 48 h au réfrigérateur

À préparer à l'avance
500 g de petits pois
1 petit bouquet de menthe
35 cl de lait de coco
35 cl de bouillon de légumes
1 oignon
2 gousses d'ail
1 cuil. à soupe d'huile de coco
1 pincée de sel

Le jour J
Quelques feuilles de menthe
Huile d'olive
Sel et poivre

1. Pelez et émincez l'oignon. Pelez et hachez l'ail. Faites fondre l'huile de coco dans une poêle, ajoutez l'oignon et l'ail et faites dorer 3 minutes. Ajoutez les petits pois et faites cuire 2 à 3 minutes.

2. Réservez 4 cuillerées à soupe de petits pois dans une boîte hermétique, au réfrigérateur. Transférez le reste dans le bol d'un blender avec le lait de coco, la menthe effeuillée, le bouillon et le sel. Mixez jusqu'à l'obtention d'un liquide homogène. Placez dans une boîte hermétique et réservez au réfrigérateur.

3. Le jour J, faites réchauffer la soupe 5 minutes et servez-la garnie des petits pois réservés et de feuilles de menthe. Arrosez d'un filet d'huile et assaisonnez.

SOUPE À L'OIGNON
et tartine au mont-d'or

Pour 4 personnes
Préparation : 5 min + 5 min
Cuisson : 15 min + 5 min
Conservation : 48 h au réfrigérateur

À préparer à l'avance
3 oignons
1 gousse d'ail
90 cl de bouillon de légumes
10 g de beurre
1 cuil. à soupe d'huile d'olive
2 feuilles de laurier
1 branche de thym
Sel et poivre

Le jour J
4 tranches de pain
120 g de mont-d'or en tranches

1. Pelez et émincez les oignons et l'ail et faites-les revenir avec l'huile et le beurre 3 minutes dans une casserole à feu assez vif, en remuant régulièrement. Versez par-dessus le bouillon chaud, ajoutez le laurier et le thym, salez et poivrez à votre goût et laissez cuire à petits bouillons pendant 12 minutes.

2. Ôtez le laurier et le thym, laissez refroidir, puis réservez au réfrigérateur dans la casserole.

3. Le jour J, préparez les tartines. Posez le fromage sur le pain et passez-les sous un gril brûlant 3 minutes.

4. Réchauffez la soupe et répartissez-la dans les bols. Posez une tartine par-dessus et dégustez aussitôt.

VELOUTÉ DE COURGETTES AIL
et fines herbes

Pour 4 personnes
Préparation :
5 min + 5 min
Cuisson : 15 min + 5 min
Conservation : 48 h
au réfrigérateur

À préparer à l'avance
2 courgettes
60 cl de bouillon de légumes
60 g de Boursin®
10 cl de crème liquide entière
1 gousse d'ail
1 cuil. à soupe de ciboulette hachée

Le jour J
60 g de Boursin®
8 tranches de baguette

1. Coupez les courgettes en cubes. Portez le bouillon de légumes à ébullition et faites-y cuire les courgettes et l'ail écrasé 12 minutes à feu vif.

2. Chauffez rapidement la crème et le Boursin® au micro-ondes. Mélangez puis, hors du feu, ajoutez la crème au Boursin® et la ciboulette aux courgettes. Mixez finement le tout (n'hésitez pas à ajouter du bouillon pour obtenir la consistance désirée). Laissez refroidir et réservez au réfrigérateur.

3. Le jour J, réchauffez le velouté, puis répartissez-le dans les assiettes. Étalez du Boursin® sur les tranches de baguette et passez-les sous un gril brûlant juste pour les dorer. Servez-les avec le velouté.

POUR LES TRÈS PRESSÉS

SOUPE DE POTIRON
aux tartines de chèvre

Pour 4 personnes
Préparation :
15 min + 5 min
Cuisson : 13 min + 5 min
Conservation :
48 h au réfrigérateur

À préparer à l'avance
450 g de potiron
1 blanc de poireau
90 cl de bouillon de légumes
1 cuil. à soupe d'huile d'olive
Sel et poivre

Le jour J
4 belles tranches de pain
1 petit fromage de chèvre frais
Huile d'olive pour l'assiette
1 cuil. à soupe de graines de courge

1. Pelez le potiron et coupez-le en petits cubes. Lavez et émincez finement le poireau. Faites revenir le poireau et le potiron avec l'huile d'olive dans une casserole 3 minutes à feu moyen.

2. Ajoutez le bouillon de légumes et laissez cuire 10 minutes à feu assez vif. Mixez le tout finement (n'hésitez pas à ajouter du bouillon pour obtenir la consistance désirée), salez et poivrez à votre goût. Réservez au réfrigérateur.

3. Le jour J, grillez le pain, puis étalez le fromage sur les tranches chaudes. Réchauffez la soupe et répartissez-la dans les assiettes. Déposez dessus les tartines, parsemez le tout de graines de courge et versez quelques gouttes d'huile d'olive.

SPÉCIAL
SAVEURS D'AUTOMNE

SOUPE ORANGE
à l'orge perlé

Pour 4 personnes
Préparation :
25 min + 2 min
Cuisson : 35 min + 5 min
Conservation : 48 h
au réfrigérateur

À préparer à l'avance
1 courge butternut
2 carottes
1 pomme de terre
1 oignon petit
50 g d'orge perlé
1 cube de bouillon
de légumes
Sel et poivre

Le jour J
4 brins de persil plat
15 g de beurre

1. Pelez la courge et coupez-la en dés en éliminant toutes les graines. Pelez les carottes et la pomme de terre, lavez-les et coupez-les en dés. Pelez et hachez l'oignon.

2. Faites cuire l'orge perlé pendant 20 minutes dans 1 l d'eau additionnée du bouillon de légumes. Égouttez-le lorsqu'il est tendre et réservez au réfrigérateur.

3. Pendant la cuisson de l'orge, dans une cocotte, portez à ébullition 1 l d'eau salée et légèrement poivrée. Ajoutez tous les légumes, couvrez et laissez cuire 25 minutes à feu moyen. Mixez le potage, rectifiez l'assaisonnement, laissez refroidir et réservez au réfrigérateur dans la cocotte.

4. Le jour J, versez l'orge perlé dans la soupe et réchauffez quelques minutes sur feu doux. Rincez le persil et effeuillez-le. Hors du feu, ajoutez le beurre, quelques feuilles de persil et servez aussitôt.

SPÉCIAL
SAVEURS D'AUTOMNE

SOUPE DE CHÂTAIGNES
et de potiron

Pour 4 personnes
Préparation :
20 min + 2 min
Cuisson : 30 min + 5 min
Conservation : 48 h
au réfrigérateur

À préparer à l'avance
300 g de châtaignes entières cuites
1 tranche de potiron
1 carotte
1 tige de céleri-branche
1 gousse d'ail
1 tige de thym
1 feuille de laurier
Sel et poivre

Le jour J
2 cuil. à soupe de crème fraîche épaisse
2 brins de persil plat
Sel et poivre

1. Pelez le potiron et éliminez les graines. Rincez-le sous l'eau et coupez-le en dés. Pelez et lavez la carotte, puis coupez-la en rondelles. Lavez la branche de céleri et émincez-la. Pelez et hachez l'ail.

2. Portez 75 cl d'eau salée et poivrée à ébullition. Ajoutez le thym, le laurier, l'ail et les légumes. Ajoutez les châtaignes, couvrez et faites cuire 30 minutes à feu doux.

3. Éliminez le thym et le laurier du potage, mixez finement et réservez au réfrigérateur.

4. Le jour J, réchauffez la soupe, rincez et hachez le persil, rectifiez l'assaisonnement et liez avec la crème. Servez bien chaud, décoré de persil haché.

SPÉCIAL SAVEURS D'AUTOMNE

VELOUTÉ DE LÉGUMES D'HIVER *au cheddar*

Pour 6 personnes
Préparation : 25 min
Cuisson : 25 min + 5 min
Conservation : 24 h au réfrigérateur

À préparer à l'avance
350 g de courge muscade
200 g de céleri-rave
2 carottes
2 pommes de terre
1 navet
1 oignon
10 cl de lait entier
1 cube de bouillon de volaille
1 pincée de noix de muscade râpée
Poivre

Le jour J
80 g de cheddar

1. Pelez tous les légumes et découpez-les en dés. Éliminez les graines de la courge.

2. Dans une cocotte, portez 1,2 l d'eau à ébullition. Ajoutez le cube de bouillon et poivrez. Versez les légumes, assaisonnez de muscade, couvrez et laissez cuire 25 minutes à feu doux. Mixez la soupe avec le lait et réservez au réfrigérateur.

3. Le jour J, ôtez la croûte du cheddar et râpez-le, remettez la soupe sur le feu, ajoutez le fromage et faites chauffer à feu doux en remuant pendant 5 minutes, le temps que le cheddar soit bien fondu.

POUR LES SOIRÉES D'HIVER

TARTE POMME DE TERRE-
endive

Pour 2 personnes
Préparation : 30 min
Cuisson :
40 min + 10 min
Conservation : 24 h
au réfrigérateur

400 g de pommes de terre
500 g d'endives
40 g de roquefort
2 œufs
3 cuil. à soupe de crème de soja
Beurre végétal
Sel de Guérande

POUR LES SOIRÉES D'HIVER

1. Épluchez et lavez les pommes de terre, puis coupez-les à l'aide d'une mandoline dans le sens de la longueur. Dans une grande poêle légèrement beurrée, faites revenir les tranches de pomme de terre 1 à 2 minutes de chaque côté (faites autant de poêlées que le nécessite la quantité de pommes de terre). Réservez.

2. Effeuillez chaque endive et faites blanchir toutes les feuilles pendant 1 minute dans de l'eau bouillante. Essorez-les soigneusement. Préchauffez le four à 175 °C (th. 6).

3. Dans un bol, mélangez les œufs avec 2 cuillerées à soupe de crème de soja, salez. Chemisez un moule à tarte rectangulaire avec du papier sulfurisé. Étalez les feuilles d'endive dans le moule en les faisant se chevaucher dans le sens de la largeur. Procédez de même avec les tranches de pomme de terre.

4. Étalez la moitié de la préparation aux œufs sur toute la longueur. Parsemez de 15 g de roquefort. Faites de même pour la couche suivante. Sur la dernière couche, alternez les feuilles d'endive et les tranches de pomme de terre. Recouvrez le tout avec 1 cuillerée à soupe de crème de soja, le roquefort restant et quelques noix de beurre végétal. Enfournez pour 30 minutes. Laissez refroidir, filmez le moule et réservez au réfrigérateur.

5. Le jour J, préchauffez le four à 150 °C (th. 5), puis enfournez la tarte une dizaine de minutes avant de déguster.

TARTE À LA CAROTTE
et chou rouge aux graines

Pour 6 personnes
Préparation : 25 min
Cuisson : 45 min
+ 5-10 min (facultatif)
Conservation : 24 h
au réfrigérateur

2 carottes
½ petit chou rouge
150 g de farine de blé T65
+ un peu pour le plan
de travail
50 g d'une autre farine
(seigle, châtaigne,
sarrasin…)
100 g de beurre
3 œufs
20 cl de crème liquide
10 cl de lait
50 g de graines de courge
et de tournesol
1 cuil. à café de cannelle
en poudre
½ cuil. à café de noix
de muscade
Sel et poivre

SPÉCIAL
SAVEURS
D'AUTOMNE

1. Pelez les carottes. Retirez éventuellement les premières feuilles du chou et ôtez le cœur. Râpez les légumes à la grosse grille. Coupez le beurre en petits morceaux.

2. Dans un saladier, mélangez du bout des doigts les farines avec le beurre pour former une pâte sablonneuse. Ajoutez 5 cl d'eau et pétrissez jusqu'à l'obtention d'une pâte souple et non collante. Au besoin, ajoutez un peu d'eau. Réservez au frais, le temps de préparer la garniture.

3. Dans un saladier, mélangez les œufs, la crème, le lait et les épices avec ½ cuillerée à café de sel et quelques tours de moulin à poivre. Ajoutez les légumes râpés, les graines de courge et de tournesol et mélangez de nouveau.

4. Préchauffez le four à 180 °C (th. 6). Sur le plan de travail fariné, étalez la pâte au rouleau à pâtisserie et déposez-la dans un plat à tarte de 26 cm de diamètre. Piquez le fond de tarte avec une fourchette. Versez doucement la garniture en répartissant les légumes de façon homogène. Enfournez pour 45 minutes. Laissez refroidir et réservez au réfrigérateur dans le plat de cuisson.

5. Le jour J, réchauffez la tarte 5 à 10 minutes dans un four à 150 °C (th. 5) ou dégustez-la froide. Accompagnez-la d'une salade verte assaisonnée d'une vinaigrette à base de vinaigre balsamique et d'huile de colza et saupoudrée de graines de courge, de tournesol et de sésame.

TARTE FINE À LA TOMATE,
au thon et au basilic

Pour 6 personnes
Préparation : 20 min
Cuisson : 25 min
+ 2-5 min (facultatif)
Conservation : 24 h
au réfrigérateur

À préparer à l'avance
1 rouleau de pâte feuilletée
3 tomates (120-150 g chacune)
100 g de purée de tomates en boîte
300 g de thon entier à l'huile
2 cuil. à soupe de feuilles de basilic finement ciselées
5 cl d'huile d'olive
2 cuil. à soupe de moutarde mi-forte
Sel et poivre

Le jour J
Quelques petites feuilles de basilic pour le décor

SPÉCIAL SAVEURS D'ÉTÉ

1. Mélangez 3 cuillerées à soupe d'huile d'olive et le basilic. Égouttez le thon, puis séparez-le en grosses miettes. Coupez les tomates en rondelles de 3 mm et séchez-les sur du papier absorbant après avoir retiré sommairement les graines. Mettez les tomates dans un plat creux avec la moitié de l'huile au basilic. Retournez-les plusieurs fois pour bien les enrober d'huile.

2. Préchauffez le four à 200 °C (th. 6-7).

3. Déroulez la pâte et posez-la sur une plaque avec son papier sulfurisé. Piquez toute la surface avec une fourchette. À l'aide d'un pinceau, badigeonnez le disque de pâte de moutarde, en laissant une bande de 1 cm tout autour, puis étalez la purée de tomates. Disposez ensuite les rondelles de tomate en cercle, en les faisant se chevaucher. Salez, poivrez et faites cuire 20 minutes.

4. Sortez la tarte du four, répartissez le thon et arrosez avec le reste d'huile d'olive au basilic. Remettez 3 à 4 minutes au four. Laissez refroidir, filmez le plat et réservez au réfrigérateur.

5. Le jour J, préchauffez le four à 150 °C (th. 5) et enfournez la tarte quelques minutes ou dégustez-la froide. Servez-la décorée de quelques feuilles de basilic.

TARTE AUX COURGETTES,
à la feta et à la menthe

Pour 6 personnes
Préparation : 20 min
Cuisson : 15-20 min
+ 5 min (facultatif)
Conservation : 48 h
au réfrigérateur

4 feuilles de brick
50 g de beurre fondu
2 petites courgettes (400 g)
300 g de feta
50 g de fromage blanc lisse
2 petits œufs
3 cuil. à soupe d'huile d'olive
2 cuil. à soupe de feuilles
de menthe ciselées
Sel et poivre

SPÉCIAL SAVEURS D'ÉTÉ

1. Retirez les extrémités des courgettes. Rincez-les et essuyez-les, puis coupez-les en rondelles de 3 mm. Étalez-les dans un plat, enduisez-les d'huile d'olive, salez et poivrez légèrement. Couvrez (avec du papier film supportant la cuisson) et faites cuire 5 minutes au four à micro-ondes, réglé à la puissance maximum.

2. Coupez la feta dans un bol, puis écrasez-la à la fourchette. Malaxez-la à la spatule avec le fromage blanc, les œufs battus et la menthe. Salez légèrement et poivrez.

3. Préchauffez le four à 180 °C (th. 6).

4. Superposez les feuilles de brick dans un moule à tarte, en beurrant les 3 premières l'une après l'autre sur toute leur surface, à l'aide d'un pinceau. Étalez le mélange à la feta sur le fond de tarte, puis disposez les rondelles de courgette.

5. Faites cuire 15 à 20 minutes, jusqu'à ce que la pâte soit dorée et croustillante. Laissez refroidir et réservez au réfrigérateur dans le moule.

6. Le jour J, dégustez la tarte froide ou tiède, après l'avoir réchauffée 5 minutes dans un four à 150 °C (th. 5). Servez avec une salade verte.

QUICHE SANS PÂTE, *quinoa, chou kale et menthe*

Pour 4 personnes
Préparation : 30 min
Cuisson :
45 min + 10 min
Repos : 10 min
Conservation : 48 h au réfrigérateur

À préparer à l'avance
60 g de quinoa
175 g de chou kale
4 belles branches de menthe
125 g de ricotta
1 gros œuf
10 cl de crème fraîche liquide
30 g de parmesan
20 g de beurre
3 cuil. à soupe de pignons de pin
Sel et poivre

Le jour J
300 g de coulis de tomates

POUR LES SOIRÉES D'HIVER

1. Rincez le quinoa plusieurs fois dans une passoire. Mettez-le dans une casserole avec deux fois son volume d'eau froide et laissez-le cuire 15 minutes. Éteignez le feu, laissez gonfler 10 minutes, puis égouttez.

2. Préchauffez le four à 180 °C (th. 6).

3. Retirez les parties dures du chou. Lavez les feuilles. Hachez-les grossièrement. Plongez-les dans une casserole d'eau froide et portez à ébullition. Égouttez-les.

4. Écrasez la ricotta à l'aide d'une fourchette. Fouettez l'œuf avec la crème, puis versez sur la ricotta. Mélangez bien. Lavez la menthe, séchez-la, puis ciselez-la. Faites griller les pignons 1 à 2 minutes dans une poêle sans matière grasse sur feu vif (attention, ça va très vite !).

5. Dans un saladier, mélangez le chou, le quinoa, la préparation à la ricotta, la menthe, le parmesan et les pignons. Salez et poivrez. Beurrez un moule à manqué. Versez-y la préparation et enfournez pour 30 minutes. Laissez refroidir et réservez au réfrigérateur dans le moule.

6. Le jour J, préchauffez le four à 150 °C (th. 5) et enfournez la quiche pour une dizaine de minutes. Versez le coulis de tomates dans une casserole et réchauffez-le à feu doux. Servez la quiche avec le coulis.

QUICHE À LA RATATOUILLE

Pour 4 personnes
Préparation : 2 min
Cuisson : 23 min
+ 5 min (facultatif)
Conservation : 24 h
au réfrigérateur

1 rouleau de pâte brisée
180 g de légumes
à ratatouille décongelés
3 œufs
60 g de gruyère râpé
90 g de crème fraîche épaisse
1 douzaine de feuilles
de basilic
½ piment
Sel et poivre

1. Préchauffez le four à 240 °C (th. 8). Étalez la pâte dans un moule à tarte, piquez-la à la fourchette et précuisez-la 8 minutes.

2. Faites sauter les légumes 3 minutes dans une poêle antiadhésive.

3. Fouettez les œufs dans un saladier, puis ajoutez les légumes chauds, le gruyère, la crème, le basilic et le piment coupé en fines tranches. Salez et poivrez à votre goût et mélangez.

4. Versez le tout sur la pâte et enfournez pour 15 minutes. Passez éventuellement sous un gril brûlant en fin de cuisson, puis laissez refroidir et réservez au réfrigérateur dans le moule.

5. Le jour J, dégustez la quiche chaude, après l'avoir réchauffée une dizaine de minutes dans un four à 150 °C (th. 5), ou froide, accompagnée d'une salade de mâche.

POUR LES TRÈS PRESSÉS

QUICHE LORRAINE EXPRESS

Pour 4 personnes
Préparation : 2 min
Cuisson : 23 min
+ 10 min (facultatif)
Conservation : 48 h
au réfrigérateur

1 rouleau de pâte brisée
120 g de poitrine fumée
3 œufs
60 g de gruyère râpé
90 g de crème fraîche épaisse
1 pincée de noix de muscade
Poivre

1. Préchauffez le four à 240 °C (th. 8). Étalez la pâte dans un moule à tarte, piquez-la à la fourchette et précuisez-la 8 minutes.

2. Pendant ce temps, taillez en allumettes la poitrine fumée et faites-les sauter 2 minutes à feu vif dans une poêle antiadhésive.

3. Fouettez les œufs dans un saladier, puis ajoutez les allumettes de poitrine fumée, le gruyère, la crème et la noix de muscade. Poivrez et mélangez.

4. Versez le tout sur la pâte et enfournez pour 15 minutes. Passez éventuellement sous un gril brûlant en fin de cuisson, puis laissez refroidir et réservez au réfrigérateur dans le moule.

5. Le jour J, dégustez la quiche chaude, après l'avoir réchauffée une dizaine de minutes dans un four à 150 °C (th. 5), ou froide, accompagnée d'une salade verte.

POUR LES TRÈS PRESSÉS

CROQUE CAKE

Pour 8 personnes
Préparation : 20 min
Cuisson :
45 min + 10 min
Repos : 10 min
Conservation : 48 h au réfrigérateur

100 g de jambon blanc en tranches
12 tranches de pain de mie sans croûte
3 œufs
100 g de gruyère râpé
100 g de parmesan
20 cl de crème liquide
10 g de beurre
1 pincée de noix de muscade
Sel et poivre

1. Préchauffez le four à 180 °C (th. 6). Beurrez un moule à cake (de préférence en silicone pour faciliter le démoulage).

2. Faites chauffer la crème avec le parmesan et le gruyère. Laissez tiédir. Mélangez les œufs avec la crème, ajoutez la noix de muscade, salez et poivrez.

3. Coupez les tranches de pain pour adapter leur taille au fond du moule à cake. Faites trois couches composées successivement du pain de mie, du mélange œufs/crème et des tranches de jambon. La quatrième et dernière couche sera le pain de mie recouvert du reste de la crème. Enfournez pour 45 minutes. Vérifiez la cuisson : la pointe d'un couteau doit ressortir sèche. Laissez refroidir et réservez au réfrigérateur dans le moule.

4. Le jour J, préchauffez le four à 150 °C (th. 5) et enfournez le croque cake pour une dizaine de minutes. Avec la lame d'un couteau, faites le tour intérieur du moule pour faciliter le démoulage. Retournez le croque cake sur une assiette, coupez-le en tranches et dégustez-le bien chaud accompagné d'une salade verte.

POUR LES GRANDES TABLÉES

GÂTEAU COURGETTE-FETA

Pour 6 personnes
Préparation : 15 min
Cuisson :
40 min + 5-10 min
Conservation : 48 h
au réfrigérateur

À préparer à l'avance
- 1 courgette
- 150 g de feta
- 250 g de farine de blé T65
- 3 œufs
- 1 yaourt de brebis
- 5 cuil. à soupe d'huile d'olive + un peu pour le moule
- 1 ½ cuil. à soupe de graines de sésame
- 1 cuil. à soupe d'origan
- 2 cuil. à café de poudre à lever
- Sel et poivre

Le jour J
- Graines de sésame pour le décor

1. Lavez la courgette et détaillez-la en petits cubes. Sur une assiette, émiettez la feta.

2. Dans une grande poêle, chauffez 2 cuillerées à soupe d'huile d'olive et faites sauter les dés de courgette jusqu'à ce qu'ils soient tendres. Préchauffez le four à 180 °C (th. 6).

3. Dans un saladier, mélangez le yaourt, les œufs et le reste d'huile. Ajoutez la farine, la poudre à lever, l'origan, le sésame, la feta émiettée, ½ cuillerée à café de sel et 6 tours de moulin à poivre. Mélangez de nouveau jusqu'à l'obtention d'une pâte homogène. Versez dans un moule à manqué préalablement huilé. Déposez sur le dessus les cubes de courgette poêlés et enfoncez-les juste un peu dans la pâte.

4. Enfournez le gâteau pour 35 minutes environ. Surveillez la fin de la cuisson en le piquant avec la lame d'un couteau : elle doit ressortir sèche. Laissez refroidir et réservez au réfrigérateur dans le moule.

5. Au moment de servir, préchauffez le four à 150 °C (th. 5). Enfournez le gâteau pour quelques minutes, puis saupoudrez-le de graines de sésame. Dégustez avec une salade de roquette.

POUR LES GRANDES TABLÉES

GÂTEAU INVISIBLE BUTTERNUT
au quatre-épices

Pour 6 personnes
Préparation : 20 min
Cuisson :
50 min + 10 min
Conservation : 48 h
au réfrigérateur

800 g de courge butternut
120 g de comté
3 œufs
80 g de farine de blé T65
15 cl de lait
2 cuil. à soupe d'huile d'olive
½ cuil. à café d'un mélange quatre-épices
½ cuil. à café de sel marin
4 tours de moulin à poivre

SPÉCIAL SAVEURS D'AUTOMNE

1. Râpez le comté. Dans un grand saladier, fouettez les œufs avec l'huile d'olive. Ajoutez la farine, le mélange quatre-épices, le sel et le poivre. Mélangez bien jusqu'à l'obtention d'une pâte homogène. Délayez avec le lait petit à petit pour obtenir une pâte sans grumeaux. Ajoutez 100 g de comté râpé et remuez de nouveau.

2. Préchauffez le four à 190 °C (th. 6-7).

3. Retirez la peau de la courge butternut. À l'aide d'une mandoline, tranchez la courge en rondelles de 2 mm d'épaisseur. Déposez les rondelles au fur et à mesure dans la pâte en remuant délicatement afin qu'elles s'enrobent bien.

4. Chemisez un moule carré de 20 cm de papier sulfurisé. Versez les lamelles de butternut dans le moule, tassez et lissez avec le dos d'une cuillère. Saupoudrez avec le reste de fromage râpé. Enfournez pour 50 minutes.

5. Vérifiez la cuisson avec la pointe d'un couteau : si la lame s'enfonce facilement, les lamelles de courge sont assez tendres. Laissez tiédir le gâteau à température ambiante, puis conservez-le au frais dans le moule.

6. Le jour J, préchauffez le four à 150 °C (th. 5) et enfournez le gâteau pour quelques minutes ou dégustez-le froid. Servez avec une salade verte.

CRUMBLE AUX LÉGUMES
du soleil

Pour 4 personnes
Préparation : 3 min
Cuisson : 17 min + 5 min
Conservation : 48 h au réfrigérateur

300 g de courgettes
400 g de tomates concassées en boîte
150 g de fenouil
1 oignon
1 piment doux rouge
1 piment doux vert
1 gousse d'ail
6 feuilles de basilic
10 cl de bouillon de légumes
2 cuil. à soupe d'huile d'olive
1 petite branche de romarin

Pour le crumble
20 g de Tuc® émiettés
60 g de farine
30 g de beurre
15 g de pignons de pin
1 cuil. à soupe de thym frais

SPÉCIAL
SAVEURS D'ÉTÉ

1. Préchauffez le four à 210 °C (th. 7).

2. Pelez et hachez grossièrement l'oignon, coupez les piments en cubes, émincez finement le fenouil, coupez les courgettes en cubes. Faites revenir dans une sauteuse l'oignon et les piments avec l'huile à feu vif pendant 2 minutes. Ajoutez le fenouil, les courgettes, l'ail écrasé au presse-ail, le romarin effeuillé et le basilic haché grossièrement. Remuez et poursuivez la cuisson 2 minutes.

3. Ajoutez le bouillon et prolongez la cuisson 5 minutes à couvert, puis ajoutez les tomates concassées et laissez cuire encore 1 minute à découvert. Versez le contenu de la sauteuse dans un plat allant au four.

4. Préparez le crumble en mélangeant du bout des doigts la farine, le beurre, les Tuc® émiettés, les pignons grossièrement hachés et le thym, jusqu'à obtenir une texture sableuse.

5. Parsemez les légumes de ce crumble et enfournez pour 5 minutes, puis passez 2 minutes sous un gril brûlant. Laissez refroidir et réservez au réfrigérateur dans le plat.

6. Le jour J, préchauffez le four à 150 °C (th. 5) et enfournez le crumble pour quelques minutes.

CLAFOUTIS *aux tomates cerises*

Pour 4 personnes
Préparation : 3 min
Cuisson : 22 min
+ 10 min (facultatif)
Conservation : 24 h
au réfrigérateur

2 œufs
30 tomates cerises
12 cl de crème liquide
100 g de fromage râpé
1 cuil. à soupe de farine
+ un peu pour le moule
1 cuil. à soupe d'huile d'olive
+ un peu pour le moule
1 cuil. à café de thym frais
Sel et poivre

1. Préchauffez le four à 210 °C (th. 7).

2. Mixez finement tous les ingrédients sauf les tomates cerises.

3. Versez la pâte dans un moule à tarte de 18 cm huilé et fariné. Ajoutez les tomates cerises sur la pâte et enfournez pour 22 minutes. Laissez refroidir et réservez au réfrigérateur dans le moule.

4. Le jour J, dégustez le clafoutis chaud, après l'avoir réchauffé une dizaine de minutes dans un four à 150 °C (th. 5), ou froid, accompagné de mesclun.

FRITTATAS AUX PANAIS,
à la patate douce et à la sauge

Pour 12 pièces
Préparation : 15 min
Cuisson : 35 min
+ 5-10 min (facultatif)
Repos : 15 min (facultatif)
Conservation : 24 h
au réfrigérateur

À préparer à l'avance
10 œufs
1 patate douce
2 petits panais
50 g d'épinards
4 feuilles de sauge
100 g de fromage de chèvre
Huile d'olive
Sel et poivre

Le jour J
4 feuilles de sauge

1. Préchauffez le four à 180 °C (th. 6). Pelez et coupez la patate douce et les panais en dés, placez-les sur une plaque, arrosez d'huile et assaisonnez. Enfournez pour 20 minutes.

2. Lavez et équeutez les épinards. Faites-les blanchir 1 minute dans de l'eau bouillante, égouttez-les, laissez-les refroidir, puis hachez-les au couteau.

3. Dans un saladier, mélangez bien les œufs avec la sauge ciselée, le chèvre émietté et les épinards. Versez dans un moule à muffins préalablement huilé. Enfournez pour 15 minutes environ, jusqu'à ce que les frittatas soient solides. Laissez refroidir, démoulez et réservez au réfrigérateur.

4. Le jour J, réchauffez les frittatas quelques minutes dans un four à 150 °C (th. 5). Elles sont délicieuses tièdes, mais vous pouvez aussi les manger chaudes ou froides. Répartissez dessus les feuilles de sauge fraîche ciselées avant de servir.

GALETTES AUX LÉGUMES
et tagliatelles de courgettes

Pour 2 personnes
Préparation : 20 min
Cuisson : 25 min + 5 min
Repos : 30 min
Conservation : 24 h au réfrigérateur

200 g de pommes de terre (type bintje)
50 g de farine de maïs + un peu pour fariner les galettes
3 courgettes
1 œuf
1 échalote
2 cuil. à soupe d'huile d'olive + un peu pour la poêle
¼ cuil. à café de bicarbonate
Sel de Guérande

SPÉCIAL SAVEURS D'ÉTÉ

1. Épluchez, lavez et coupez grossièrement les pommes de terre. Couvrez-les d'eau et faites-les cuire pendant 15 minutes environ (testez la cuisson avec une lame de couteau). Égouttez-les soigneusement dans une passoire et laissez refroidir.

2. Écrasez les pommes de terre à la fourchette. Incorporez l'œuf à cette purée, puis la farine de maïs, 1 cuillerée à soupe d'huile d'olive, le bicarbonate, 1 petite courgette préalablement râpée. Salez et mélangez.

3. Versez un peu de farine de maïs dans une assiette. Prélevez 1 grosse cuillerée à soupe de la préparation précédente, faites-la tourner rapidement dans le creux de la main, puis dans la farine de maïs. Aplatissez-la légèrement pour former une petite galette. Renouvelez l'opération jusqu'à épuisement des ingrédients.

4. Faites cuire les galettes avec un peu d'huile dans une grande poêle, 2 minutes de chaque côté. Déposez dans une assiette sur du papier absorbant, laissez refroidir, puis réservez au frais dans une boîte hermétique.

5. Lavez les 2 courgettes, épluchez-les et coupez-les en fines lamelles, dans le sens de la longueur, à l'aide d'un économe. Faites revenir l'échalote dans 1 cuillerée à soupe d'huile d'olive, ajoutez les courgettes, laissez cuire à feu moyen pendant 5 minutes, puis salez. Réservez au frais avec les galettes.

6. Le jour J, réchauffez rapidement les galettes et les tagliatelles de courgettes à la poêle et dégustez aussitôt.

OMELETTE AU CHÈVRE
et quinoa

Pour 4 personnes
Préparation : 10 min
Cuisson :
12 min + 10 min
Conservation : 24 h
au réfrigérateur

À préparer à l'avance
160 g de quinoa cuit
6 œufs
2 crottins de chèvre
2 oignons rouges
1 bouquet de ciboulette
2 cuil. à soupe d'huile d'olive
Sel et poivre

Le jour J
Quelques brins de ciboulette ciselés
300 g de tomates cerises

1. Épluchez les oignons et hachez-les grossièrement. Ciselez la ciboulette. Découpez les crottins en trois rondelles chacun. Mélangez les œufs, le quinoa cuit, les oignons et les trois quarts de la ciboulette. Salez et poivrez.

2. Préchauffez le gril du four.

3. Versez l'huile dans une poêle pouvant aller au four, ajoutez la préparation aux œufs, cuisez sur feu moyen. Avec une spatule, mélangez doucement. Lorsque l'omelette commence à devenir consistante, mais que son centre est encore humide, répartissez les rondelles de crottin sur le dessus, stoppez le feu et enfournez la poêle sous le gril. Surveillez la cuisson pour que l'omelette ne brûle pas (comptez 5 minutes pour un gril réglé à 180 °C, th. 6). L'omelette doit être cuite et les chèvres légèrement gratinés. Laissez refroidir et réservez au réfrigérateur.

4. Le jour J, préchauffez le four à 150 °C (th. 5) et enfournez l'omelette pour 10 minutes. Décorez-la avec la ciboulette ciselée et servez-la immédiatement, accompagnée d'une salade de tomates cerises.

POUR LES TRÈS PRESSÉS

LASAGNES VÉGÉTARIENNES
aux aubergines grillées

Pour 6 personnes
Préparation : 40 min
Cuisson : 1 h + 10 min
Conservation : 24 h au réfrigérateur

16 feuilles de lasagnes sèches
400 g de tomates concassées en boîte
800 g d'aubergines
2 gousses d'ail
1 oignon petit
60 g de farine
75 cl de lait
45 g de beurre
30 g de parmesan
3 cuil. à soupe d'huile d'olive
2 cuil. à café de vinaigre de vin
1 cuil. à café de sucre de canne blond
½ cuil. à café de piment d'Espelette
¼ cuil. à café de noix de muscade en poudre
Sel et poivre

POUR LES GRANDES TABLÉES

1. Lavez et coupez les aubergines en tranches fines de 5 mm. Pelez et dégermez l'ail. Pelez l'oignon. Hachez ensemble ail et oignon. Râpez le parmesan. Préchauffez le four à 200 °C (th. 6-7). Sur une plaque recouverte de papier sulfurisé, disposez les tranches d'aubergine. À l'aide d'un pinceau, enduisez-les d'huile d'olive et saupoudrez-les de sel. Enfournez pour 10 à 15 minutes. Réservez.

2. Pendant ce temps, préparez la sauce tomate. Dans une casserole, chauffez 1 cuillerée à soupe d'huile, versez le hachis d'ail et d'oignon et faites revenir à feu vif 3 minutes. Ajoutez les tomates concassées avec une pincée de sel, 3 tours de moulin à poivre, le sucre et le vinaigre. Faites cuire 10 minutes à feu vif en remuant. Goûtez et rectifiez l'assaisonnement.

3. Préparez la béchamel. Dans une casserole, faites fondre le beurre. Ajoutez la farine et laissez cuire 1 minute en remuant au fouet. Versez doucement le lait en mélangeant. Poursuivez la cuisson à feu moyen jusqu'à ébullition, en remuant. Ajoutez ½ cuillerée à café de sel et la muscade.

4. Préchauffez le four à 180 °C (th. 6). Huilez un plat à gratin. Disposez une première couche de pâtes (4 feuilles) se chevauchant à peine, la sauce tomate, la moitié des tranches d'aubergine grillées, saupoudrez de piment, une couche de pâtes (6 feuilles), une fine couche de béchamel, une couche d'aubergines saupoudrées de piment, une couche de pâtes (6 feuilles), le reste de béchamel, une couche de parmesan râpé. Enfournez pour 30 minutes. Laissez refroidir et réservez au réfrigérateur dans le plat.

5. Le jour J, préchauffez le four à 150 °C (th. 5) et enfournez les lasagnes pour 10 minutes. Servez bien chaud.

CASSOLETTES DE POTIMARRON
à la polenta

Pour 6 personnes
Préparation : 20 min
Cuisson : 20 min (hors cuisson de la polenta) + 10 min
Conservation : 48 h au réfrigérateur

- 600 g de chair de potimarron
- 150 g de polenta fine précuite
- 30 g de fécule de maïs
- 50 cl de lait
- 50 g de comté
- ½ cuil. à café de noix de muscade moulue
- 1 cuil. à café de cannelle moulue
- Beurre pour les moules
- Sel et poivre

1. Pelez, égrenez et râpez le potimarron à la grosse grille, puis faites-les cuire à la vapeur pendant 5 minutes.

2. Dans une casserole, portez 50 cl d'eau à ébullition avec 1 cuillerée à café de sel. Versez en pluie la polenta, baissez le feu au minimum et faites cuire comme indiqué sur l'emballage.

3. Pendant ce temps, préparez la sauce blanche. Dans une casserole, délayez la fécule de maïs avec le lait. Portez le mélange à ébullition en remuant constamment. Assaisonnez avec les épices et quelques tours de moulin à poivre.

4. Préchauffez le four à 180 °C (th. 6). Mélangez le potimarron cuit, la polenta et la sauce blanche et versez dans de petits moules à gratin beurrés. Saupoudrez de comté râpé et enfournez les gratins pour 15 minutes. Laissez refroidir et réservez au réfrigérateur dans les moules.

5. Le jour J, préchauffez le four à 150 °C (th. 5) et enfournez les gratins pour 10 minutes. Servez très chaud.

SPÉCIAL
SAVEURS D'AUTOMNE

MAC & CHEESE

Pour 6 personnes
Préparation : 30 min
Cuisson : 25 min (hors cuisson des pâtes) + 10 min
Conservation : 48 h au réfrigérateur

500 g de macaronis
250 g de cheddar
150 g de brie
½ l de lait
40 g de farine
40 g de beurre
10 feuilles de basilic
4 gousses d'ail
1 pincée de noix de muscade (facultatif)
10 g de sel
Poivre

Pour la chapelure
80 g de chapelure
1 cuil. à soupe d'huile d'olive
2 branches de thym frais effeuillées

ENFANTS SAGES

1. Épluchez et hachez les gousses d'ail. Ciselez le basilic. Râpez le cheddar. Enlevez la croûte du brie et coupez-le en petits dés.

2. Préparez la béchamel. Dans une casserole, laissez fondre le beurre, puis faites-y revenir l'ail sans le colorer. Versez la farine, mélangez avec un fouet. Versez progressivement le lait hors du feu et mélangez pour éviter la formation de grumeaux. Remettez la casserole sur le feu, laissez cuire jusqu'à ébullition sans cesser de mélanger, ajoutez la noix de muscade, salez et poivrez.

3. Préchauffez le four à 190 °C (th. 6-7). Faites cuire les macaronis comme indiqué sur l'emballage. Égouttez-les, mélangez-les avec le cheddar râpé, puis la béchamel et ajoutez le basilic. Versez dans un plat à gratin. Répartissez le brie sur le dessus, puis enfournez pour 10 minutes.

4. Pendant ce temps, préparez la chapelure. Dans une poêle, faites chauffer l'huile d'olive, versez la chapelure, ajoutez le thym. Lorsque les pâtes sont bien gratinées, sortez le plat du four, recouvrez de chapelure, enfournez de nouveau pour 5 minutes. Laissez refroidir et réservez au réfrigérateur dans le plat.

5. Le jour J, préchauffez le four à 150 °C (th. 5) et enfournez le plat pour 10 minutes. Sortez-le du four et dégustez aussitôt.

PÂTES ET COURGETTES *en gratin*

Pour 4 personnes
Préparation : 20 min
Cuisson : 40 min (hors cuisson des pâtes) + 10 min
Conservation : 24 h au réfrigérateur

À préparer à l'avance
500 g de tagliatelles
3 petites courgettes
100 g de parmesan
30 cl de lait d'amande
3 gousses d'ail
120 g de noix de cajou salées
2 cuil. à soupe de pesto
2 cuil. à soupe d'huile d'olive
Sel et poivre

Le jour J
10 feuilles de basilic

ENFANTS SAGES

1. Lavez, séchez et coupez les courgettes en tranches dans la longueur. Épluchez et hachez l'ail. Préchauffez le four à 180 °C (th. 6).

2. Déposez les courgettes sur une plaque, badigeonnez-les avec l'huile, salez et poivrez. Pendant ce temps, dans le bol d'un robot, mixez grossièrement les noix de cajou, le lait d'amande, l'ail haché. Salez et poivrez.

3. Enfournez les courgettes pour 30 minutes. À la sortie du four, badigeonnez-les avec le pesto. Faites cuire les pâtes à l'eau bouillante le temps indiqué sur l'emballage, mélangez-les à la sauce aux noix de cajou et au parmesan. Rectifiez en sel et poivre. Versez les pâtes dans un plat rectangulaire. Roulez les tranches de courgette et disposez-les parmi les pâtes.

4. Réchauffez les pâtes au four pendant 5 minutes, terminez par 3 minutes sous le gril pour les faire gratiner. Sortez le gratin du four lorsque celui-ci est légèrement doré, laissez refroidir et réservez au réfrigérateur dans le plat de cuisson.

5. Le jour J, préchauffez le four à 150 °C (th. 5) et enfournez le gratin pour 10 minutes. Décorez avec les feuilles de basilic et dégustez.

GRATIN DE PETIT ÉPEAUTRE *aux légumes*

Pour 6 personnes
Préparation : 30 min
Trempage : 12 h
Cuisson :
35 min + 10 min
Conservation : 48 h au réfrigérateur

250 g de petit épeautre
2 aubergines
3 courgettes
600 g de tomates
100 g de fromage râpé
2 oignons
25 cl de crème liquide
3 cuil. à soupe d'huile d'olive
1 cuil. à soupe d'herbes de Provence
Sel et poivre

SPÉCIAL SAVEURS D'ÉTÉ

1. Faites tremper l'épeautre 12 heures environ. Rincez-le. Placez-le dans une casserole avec 1 l d'eau et une pincée de sel. Portez à la limite de l'ébullition. Baissez le feu et laissez cuire (sans couvrir) 20 minutes sur feu doux. Égouttez-le.

2. Pendant ce temps, épluchez les oignons et émincez-les. Lavez les légumes. Coupez les aubergines et les courgettes en petits morceaux. Coupez les tomates en quatre, épépinez-les, puis coupez-les encore en deux ou trois. Préchauffez le four à 200 °C (th. 6-7).

3. Dans une cocotte, faites revenir les oignons avec l'huile d'olive, à couvert 2 minutes, puis 2 minutes encore à découvert. Ajoutez les aubergines. Laissez cuire 5 minutes à couvert, puis ajoutez les tomates et les herbes. Salez et poivrez. Poursuivez la cuisson 10 minutes à couvert en mélangeant souvent (s'il y a trop de liquide, ôtez le couvercle). Ajoutez alors les courgettes et poursuivez la cuisson 5 minutes. Ajoutez enfin l'épeautre, mélangez.

4. Versez dans un plat à gratin. Nappez de crème et de fromage, puis enfournez pour 10 minutes. Laissez refroidir et réservez au réfrigérateur dans le plat de cuisson.

5. Le jour J, préchauffez le four à 150 °C (th. 5). Enfournez le gratin et réchauffez-le une dizaine de minutes. Servez avec une salade verte.

GRATIN DE CROZETS
à la fondue de poireaux

Pour 6 personnes
Préparation : 25 min
Cuisson :
35 min + 10 min
Conservation : 24 h
au réfrigérateur

400 g de crozets
4 poireaux
150 g de beaufort
2 échalotes
30 cl de crème entière liquide
40 g de beurre
1 ½ cuil. à soupe de gros sel
Sel et poivre

1. Pelez et ciselez les échalotes. Retirez la base et la partie la plus verte des poireaux, coupez-les en deux dans la longueur et lavez-les sous l'eau froide. Émincez-les finement. Râpez le beaufort.

2. Dans une cocotte, laissez fondre le beurre, ajoutez les échalotes et faites-les revenir 2 minutes à feu moyen. Ajoutez les poireaux, salez et poivrez à votre convenance. Poursuivez la cuisson à feu doux et à couvert pendant une vingtaine de minutes, en remuant régulièrement.

3. Pendant ce temps, portez une grande casserole d'eau à ébullition. Ajoutez le gros sel, versez les crozets et laissez cuire 15 minutes (ou moins, selon les indications sur l'emballage). Égouttez.

4. Préchauffez le four à 200 °C (th. 6-7). Versez les crozets dans un plat à gratin, arrosez-les de crème, ajoutez la fondue de poireaux et remuez délicatement. Répartissez dessus le beaufort râpé. Enfournez pour 15 minutes, afin que le fromage dore. Laissez refroidir, filmez le plat et réservez au réfrigérateur.

5. Le jour J, préchauffez le four à 150 °C (th. 5). Enfournez le gratin pour 10 minutes et servez aussitôt.

POUR LES SOIRÉES D'HIVER

S

MEAT BALLS DE BŒUF *gratinées*

POUR LES SOIRÉES D'HIVER

Pour 8 personnes
Préparation : 30 min
Cuisson :
25 min + 20 min
Conservation : 48 h
au réfrigérateur

À préparer à l'avance
800 g de bœuf haché
150 g de bacon fumé
400 g de purée de tomates
240 g de tomates pelées en boîte
2 boules de mozzarella
100 g de parmesan
50 g de chapelure
1 œuf
1 gros oignon
2 gousses d'ail
10 feuilles de basilic
4 branches de thym frais
5 cuil. à soupe d'huile d'olive
1 cuil. à café de vinaigre balsamique
1 cuil. à café de piment doux
1 cuil. à café de sucre
Sel et poivre

Le jour J
Quelques feuilles de basilic

1. Épluchez et hachez l'ail et l'oignon. Hachez le bacon. Coupez la mozzarella en petits dés. Ciselez le basilic.

2. Dans un saladier, mélangez intimement la viande, le bacon, le sel, 10 tours de moulin à poivre, la chapelure, l'œuf et réservez au réfrigérateur. Dans une sauteuse, versez 3 cuillerées à soupe d'huile et faites-y revenir l'oignon, l'ail et le basilic. Ajoutez cette préparation à la viande et remettez au frais.

3. Préparez la sauce tomate : dans la même sauteuse, versez la purée de tomates, les tomates coupées en quartiers avec le jus, le vinaigre balsamique, le sucre, le piment, le thym, poivrez et ajoutez 10 g de sel. Faites compoter et réduire pendant 20 minutes sur feu très doux. Versez la sauce dans un plat à gratin. Sortez la préparation des meat balls du réfrigérateur. Façonnez à la main 24 boulettes de viande de la taille d'une balle de ping-pong (50 g environ).

4. Préchauffez le four à 190 °C (th. 6-7). Versez le reste de l'huile d'olive dans la sauteuse, faites dorer sur toutes les faces les meat balls que vous déposerez au fur et à mesure dans le plat avec la sauce tomate. Saupoudrez de parmesan et répartissez les dés de mozzarella entre les meat balls. Enfournez pour 15 minutes. Laissez refroidir, filmez le plat et réservez au réfrigérateur.

5. Le jour J, préchauffez le four à 150 °C (th. 5), puis enfournez pour 10 minutes. Décorez avec quelques feuilles de basilic et dégustez.

TEX-MEX VÉGÉTARIEN

Pour 4 personnes
Préparation : 15 min + 2 min
Cuisson : 25-30 min + 10 min
Conservation : 24 h au réfrigérateur

À préparer à l'avance
100 g de quinoa gourmand Tipiak®
300 g de cheddar
200 g de mozzarella
1 poivron vert
6 tomates cerises
1 petite boîte de maïs
1 petite boîte de haricots rouges
1 bouquet de coriandre
1 pot de sauce Original Salsa Old El Paso®
5 gouttes de Tabasco®
½ cuil. à café de piment du Chili en poudre
½ cuil. à café de cumin

Le jour J
6 tomates cerises
½ avocat
1 paquet de chips de maïs

1. Lavez, séchez et coupez le poivron en deux, égrenez-le et détaillez-le en petits cubes. Lavez, séchez et coupez en quatre les tomates cerises. Lavez, séchez et ciselez la coriandre. Coupez en petits dés la mozzarella, râpez le cheddar. Rincez et égouttez le maïs et les haricots rouges, épongez leur excédent d'eau avec du papier absorbant. Faites cuire le quinoa 12 minutes, selon les indications sur l'emballage. Égouttez-le.

2. Préchauffez le four à 200 °C (th. 6-7).

3. Dans un grand saladier, réunissez le quinoa, la sauce Salsa®, le piment, le Tabasco®, le maïs, les haricots rouges, le cumin, le poivron vert, les tomates cerises, toute la mozzarella et la moitié du cheddar. Goûtez et ajoutez quelques gouttes de Tabasco® si vous préférez plus pimenté.

4. Versez la préparation dans un plat à gratin, recouvrez avec le reste de cheddar, puis enfournez pour 15 minutes. Laissez refroidir, filmez le plat et réservez au réfrigérateur.

5. Le jour J, préchauffez le four à 150 °C (th. 5) et enfournez le gratin pour 10 minutes. Pendant ce temps, coupez l'avocat en petits dés. À la sortie du four, décorez le plat avec les tomates cerises coupées en quatre, les petits cubes d'avocat et quelques chips de maïs. Servez accompagné du reste des chips.

POUR LES SOIRÉES D'HIVER

PARENTIER DE BOUDIN *aux pommes*

Pour 4 personnes
Préparation : 5 min
Cuisson : 12 min (hors décongélation de la purée) + 10 min
Conservation : 24 h au réfrigérateur

300 g de boudin noir sans la peau
500 g de purée surgelée
½ pomme
20 g de beurre
1 petit oignon
1 cuil. à soupe de soupe à l'oignon déshydratée
Sel et poivre

1. Décongelez la purée selon les indications figurant sur l'emballage. Préchauffez le four à 220 °C (th. 7-8).

2. Coupez en morceaux la pomme et l'oignon et mixez-les assez finement. Faites revenir dans une sauteuse la pomme et l'oignon mixés avec 10 g de beurre pendant 2 minutes à feu moyen. Ajoutez le boudin noir, la soupe déshydratée et 10 cl d'eau, salez et poivrez à votre goût. Mélangez bien le tout et laissez cuire 3 minutes en remuant régulièrement.

3. Étalez le contenu de la sauteuse au fond d'un plat à gratin, couvrez de purée et répartissez le beurre restant sur le dessus. Enfournez pour 5 minutes, puis passez sous un gril brûlant pendant 2 minutes. Laissez refroidir, filmez le plat et réservez au réfrigérateur.

4. Le jour J, préchauffez le four à 150 °C (th. 5). Enfournez pour 10 minutes et dégustez aussitôt.

POUR LES TRÈS PRESSÉS

FENOUIL À LA PARMIGIANA

Pour 4 personnes
Préparation : 10 min
Cuisson :
45 min + 10 min
Conservation : 24 h
au réfrigérateur

5 fenouils
800 g de chair de tomates en boîte
50 g de parmesan
2 gousses d'ail
2 oignons
1 bouquet de basilic
4 cuil. à soupe d'huile d'olive
3 cuil. à soupe de chapelure
1 cuil. à café d'origan séché
Sel et poivre

SPÉCIAL
SAVEURS D'ÉTÉ

1. Enlevez la première rangée de feuilles de chaque fenouil. Lavez et séchez ces feuilles ainsi que les bulbes. Éliminez la base des fenouils et taillez-les en tranches dans la hauteur. Hachez l'ail et les oignons. Ciselez le basilic.

2. Préchauffez le four à 180 °C (th. 6).

3. Sur la plaque du four, recouverte de papier sulfurisé, étalez tout le fenouil et arrosez-le de 2 cuillerées à soupe d'huile d'olive, salez et poivrez, mélangez. Enfournez le fenouil pour 30 minutes.

4. Pendant ce temps, versez l'huile restante dans une sauteuse et faites revenir quelques minutes les oignons, l'ail et l'origan. Lorsque l'oignon est devenu transparent, versez la chair de tomates. Laissez mijoter et réduire sur feu doux pendant 15 minutes. Salez et poivrez.

5. Dans un plat à gratin, versez une couche de sauce à la tomate, puis une couche de fenouil, parsemez de basilic ciselé et de parmesan, recommencez jusqu'à épuisement des ingrédients. Terminez par une couche de sauce tomate, saupoudrez de parmesan, puis de chapelure. Enfournez pour 15 minutes à 180 °C (th. 6). Laissez refroidir, filmez le plat et réservez au réfrigérateur.

6. Le jour J, préchauffez le four à 150 °C (th. 5), puis enfournez le plat pour 10 minutes. Servez chaud dès la sortie du four.

PATATES DOUCES FARCIES
au comté

Pour 4 personnes
Préparation : 20 min
Cuisson : 35 min + 10 min
Conservation :
48 h au réfrigérateur

2 grosses patates douces
150 g de comté
50 g de beurre
10 tiges de ciboulette
Sel et poivre

1. Préchauffez le four à 180 °C (th. 6). Lavez les patates douces, essuyez-les et enveloppez-les dans du papier d'aluminium. Ciselez la ciboulette. Râpez le comté. Placez les patates douces dans un plat allant au four et enfournez pour 30 minutes. Vérifiez la cuisson avec la pointe d'un couteau, il doit s'enfoncer facilement. Retirez le papier d'aluminium. Coupez les patates douces en deux. Avec une petite cuillère, retirez-leur délicatement une partie de la chair, laissez au moins 1 cm de chair pour conserver la solidité de la patate douce et replacez les patates douces dans le plat.

2. Préchauffez le gril à 220 °C (th. 7-8). Faites fondre dans une casserole le beurre. Dans un saladier, réunissez la pulpe des patates, les trois quarts du comté, le beurre, la ciboulette, puis salez et poivrez. Mélangez. Garnissez le creux des patates douces avec cette préparation, répartissez le reste du comté, puis faites gratiner 4 minutes sous le gril du four. Laissez refroidir, filmez le plat et réservez au réfrigérateur.

3. Le jour J, préchauffez le four à 150 °C (th. 5), puis enfournez les patates douces 10 minutes. Dégustez avec du jambon blanc et une salade verte.

QUENELLES AUX ÉPINARDS, *gratinées au four*

Pour 4 personnes
Préparation : 15 min
Cuisson : 20 min + 10 min
Repos : 10 min
Conservation : 48 h au réfrigérateur

170 g d'épinards frais
100 g de semoule de blé fine
2 jaunes d'œufs
50 cl de lait entier frais
70 g de beurre
50 g de parmesan fraîchement râpé
Sel et poivre

1. Lavez, essorez et émincez les épinards. Faites bouillir le lait avec une pincée de sel et du poivre. Ajoutez la semoule en mélangeant avec un fouet, puis les épinards. Faites cuire pendant 10 minutes. Préchauffez le four à 200 °C (th. 6-7).

2. Hors du feu, ajoutez à la préparation les jaunes d'œufs, 20 g de beurre, du sel, du poivre et 15 g de parmesan. Versez la préparation sur une planche en bois et laissez refroidir 10 minutes. En vous aidant de 2 cuillères, formez les quenelles et déposez-les dans un plat allant au four préalablement beurré. Ajoutez 50 g de beurre fondu et saupoudrez du parmesan restant. Enfournez pour 10 minutes environ, puis laissez refroidir, filmez le plat et réservez au réfrigérateur.

3. Le jour J, préchauffez le four à 150 °C (th. 5), puis enfournez les quenelles pour 10 minutes. Répartissez dans les assiettes et dégustez.

HACHIS PARMENTIER
de chipolatas et tomates

Pour 4 personnes
Préparation : 15 min
Cuisson : 10 min
(hors décongélation de la purée) + 10 min
Conservation : 24 h au réfrigérateur

500 g de purée surgelée
4 chipolatas
250 g de tomates concassées en boîte
1 oignon
20 g de beurre
4 tiges de persil finement hachées

1. Préchauffez le four à 220 °C (th. 7-8). Décongelez la purée selon les indications figurant sur l'emballage.

2. Pendant ce temps, hachez finement l'oignon et le persil et faites-les revenir dans une sauteuse avec 10 g de beurre, à feu moyen 2 minutes. Coupez les chipolatas en tronçons de 1 cm environ et ajoutez-les dans la sauteuse. Laissez cuire 3 minutes en remuant régulièrement, puis versez les tomates concassées et laissez cuire encore 2 minutes.

3. Étalez le contenu de la sauteuse au fond d'un plat à gratin, couvrez de purée et répartissez le reste de beurre sur le dessus. Enfournez pour 4 minutes, puis passez sous un gril brûlant pendant 1 minute. Laissez refroidir, filmez le plat et réservez au réfrigérateur.

4. Le jour J, préchauffez le four à 150 °C (th. 5), enfournez le hachis pour 10 minutes et dégustez chaud avec une salade verte.

POUR LES
TRÈS
PRESSÉS

GRATIN DE GNOCCHIS

Pour 4 personnes
Préparation : 5 min
Cuisson : 7 min (hors cuisson des gnocchis) + 10 min
Conservation : 24 h au réfrigérateur

À préparer à l'avance
700 g de gnocchis
20 cl de crème liquide entière
½ gousse d'ail
45 g de parmesan râpé
5 g de beurre
Sel et poivre

Le jour J
1 tige de basilic effeuillée

1. Préchauffez le four à 180 °C (th. 6). Faites cuire les gnocchis selon le temps indiqué sur le paquet. Égouttez-les et déposez-les dans un plat allant au four.

2. Mélangez la crème, l'ail écrasé et 30 g de parmesan, salez et poivrez.

3. Versez le mélange sur les gnocchis, remuez et parsemez le reste de parmesan, puis le beurre coupé en tout petits dés. Enfournez pour 7 minutes. Laissez refroidir, filmez le plat et réservez au réfrigérateur.

4. Le jour J, préchauffez le four à 150 °C (th. 5) et enfournez pour 10 minutes. Parsemez de basilic et servez aussitôt.

ENFANTS SAGES

GRATIN TARTIFLETTE

Pour 4 personnes
Préparation : 15 min
Cuisson : 2 min + 14 min
Conservation : 24 h au réfrigérateur

500 g de pommes de terre cuites
½ reblochon
100 g de poitrine fumée
15 cl de crème liquide entière
1 gousse d'ail
Poivre

POUR LES SOIRÉES D'HIVER

1. Préchauffez le four à 210 °C (th. 7).

2. Taillez la poitrine fumée en allumettes et faites-les revenir dans une poêle à feu vif pendant 1 minute. Ajoutez les pommes de terre coupées en tranches, l'ail écrasé au presse-ail, poivrez à votre goût et mélangez. Stoppez le feu et couvrez.

3. Enlevez la croûte du reblochon et coupez-le en gros cubes. Mettez le reblochon dans le bol d'un robot et mixez-le rapidement. Ajoutez la crème liquide et mélangez de nouveau.

4. Alternez dans un moule de 15 cm de diamètre environ les couches de pommes de terre, de lardons et de fromage. Enfournez pour 7 minutes, puis passez sous le gril 2 minutes. Laissez refroidir, filmez le plat et réservez au réfrigérateur.

5. Le jour J, préchauffez le four à 150 °C (th. 5). Enfournez le plat pour 10 minutes et dégustez avec une salade verte.

RAVIOLIS GRATINÉS
à la Vache qui rit®

Pour 4 personnes
Préparation : 5 min
Cuisson : 2 min (hors cuisson des pâtes) + 10 min
Conservation : 24 h au réfrigérateur

300 g de raviolis
20 cl de crème liquide
80 g de Vache qui rit®
20 g de gruyère râpé
Sel et poivre

1. Préchauffez le gril du four à 180 °C (th. 6).

2. Faites cuire les raviolis dans une grande casserole d'eau salée le temps indiqué sur l'emballage, puis égouttez-les rapidement.

3. Fouettez la crème et la Vache qui rit®, salez et poivrez à votre goût.

4. Déposez les raviolis dans un plat, versez la crème par-dessus, parsemez de gruyère râpé et passez sous le gril 2 minutes. Laissez refroidir, filmez le plat et réservez au réfrigérateur.

5. Le jour J, préchauffez le four à 150 °C (th. 5) et enfournez les raviolis pour 10 minutes. Dégustez aussitôt.

ENFANTS SAGES

BRANDADE DE MORUE

Pour 4 personnes
Préparation : 20 min
Cuisson :
30 min + 10 min
Conservation : 24 h
au réfrigérateur

400 g de morue dessalée
300 g de pommes de terre à purée
1 bouquet garni
1 gousse d'ail
10 cl de lait
2 cuil. à soupe d'huile d'olive
Sel

1. Coupez les pommes de terre en gros cubes et faites-les cuire 20 minutes environ dans une casserole d'eau bouillante salée.

2. Pendant ce temps, faites pocher la morue coupée en morceaux 15 minutes dans une autre casserole d'eau bouillante avec le bouquet garni. Égouttez-la bien et enlevez la peau et les arêtes.

3. Préchauffez le four à 180 °C (th. 6). Mixez l'ail rapidement au robot, ajoutez la morue et mixez encore jusqu'à ce qu'elle soit bien effilochée. Écrasez les pommes de terre en purée, incorporez le lait, l'huile et la morue mixée. Versez le tout dans un plat à gratin et enfournez pour 10 minutes. Laissez refroidir, filmez le plat et réservez au réfrigérateur.

4. Le jour J, préchauffez le four à 150 °C (th. 5) et enfournez pour 10 minutes. Passez éventuellement le plat sous un gril brûlant pour le dorer.

POUR LES
SOIRÉES
D'HIVER

TOMATES FARCIES

Pour 4 personnes
Préparation : 20 min
Cuisson :
30 min + 10 min
Conservation : 24 h
au réfrigérateur

350 g de bœuf haché
160 g de quinoa cuit
1 oignon
1 petite gousse d'ail
4 tomates
2 cuil. à soupe de raisins secs
4 cuil. à soupe d'huile d'olive
Sel et poivre

ENFANTS SAGES

1. Préchauffez le four à 180 °C (th. 6). Faites tremper les raisins secs dans de l'eau tiède.

2. Pendant ce temps, lavez les tomates, séchez-les puis coupez le haut, côté pédoncule. Videz-les délicatement et déposez la chair dans une passoire. Épluchez, dégermez et hachez l'ail. Épluchez et hachez l'oignon.

3. Faites chauffer 2 cuillerées à soupe d'huile d'olive dans une poêle. Ajoutez l'oignon et faites-le revenir 3 minutes. Ajoutez l'ail et continuez 1 minute en remuant souvent.

4. Versez le contenu dans un saladier. Ajoutez le quinoa et la viande. Salez, poivrez et mélangez bien. Ajoutez la chair des tomates (cela donnera du moelleux) et les raisins égouttés et bien pressés entre vos mains. Remuez encore une fois. Farcissez les tomates de cette préparation, replacez le chapeau et déposez les tomates farcies dans un plat. Badigeonnez les tomates de 2 cuillerées à soupe d'huile d'olive et enfournez pour 25 minutes. Laissez refroidir, filmez le plat et réservez au réfrigérateur.

5. Le jour J, préchauffez le four à 150 °C (th. 5) et enfournez les tomates farcies pour une dizaine de minutes. Dégustez aussitôt.

CHOU-FLEUR
à la noix de coco

SPÉCIAL SAVEURS VENUES D'AILLEURS

Pour 4 personnes
Préparation : 15 min
Cuisson :
15-20 min + 5 min
Conservation : 24 h
au réfrigérateur

À préparer à l'avance
1 beau chou-fleur
40 g de noix de coco râpée
25 cl de lait de coco
1 cuil. à soupe de beurre
2 cuil. à soupe d'huile de coco
1 oignon
1 piment vert
1 feuille de laurier
1 cm de gingembre
½ cuil. à soupe de curcuma
½ cuil. à café de garam masala
½ cuil. à café de graines de cumin
½ cuil. à café de graines de moutarde
Sel

Le jour J
1 cuil. à soupe de persil ciselé

1. Retirez les feuilles extérieures du chou-fleur et séparez-le en bouquets. Rincez et séchez les bouquets, puis coupez-les en petits morceaux. Écrasez, à l'aide d'un mortier, les graines de moutarde et le gingembre épluché et haché. Pelez et hachez l'oignon.

2. Chauffez l'huile dans une poêle et faites revenir la pâte moutarde/gingembre avec le piment vert coupé en deux et la feuille de laurier, pendant 30 secondes. Ajoutez la noix de coco râpée, mélangez, puis incorporez l'oignon, les graines de cumin et le curcuma. Salez et faites revenir l'ensemble à feu moyen, pendant 4 minutes environ, jusqu'à ce que l'oignon soit tendre.

3. Ajoutez le chou-fleur et le lait de coco, mélangez soigneusement, puis couvrez et laissez cuire pendant 10 à 12 minutes, à feu doux, jusqu'à ce que le chou-fleur soit tendre. Mélangez de temps en temps et ajoutez un peu d'eau en cours de cuisson si nécessaire.

4. Chauffez le beurre et faites-y revenir le garam masala pendant quelques secondes. Versez-le sur le chou-fleur et mélangez. Laissez refroidir et réservez au réfrigérateur.

5. Le jour J, réchauffez le chou-fleur quelques minutes à feu doux et servez aussitôt parsemé de persil ciselé.

LENTILLES AUX ÉPINARDS

Pour 4 personnes
Préparation :
20 min + 2 min
Cuisson : 40 min + 5 min
Conservation : 24 h
au réfrigérateur

À préparer à l'avance
700 g d'épinards
400 g de lentilles vertes
50 cl de lait de coco
1 oignon
2 cuil. à café d'huile de coco
1 cuil. à café de pâte de curry rouge
1 cuil. à café de curry doux en poudre
Sel

Le jour J
1 cuil. à soupe de cacahuètes non salées
1 petit piment rouge épépiné et haché (facultatif)

1. Équeutez les épinards, rincez-les et égouttez-les.

2. Faites cuire les lentilles dans trois fois leur volume d'eau froide non salée pendant 20 à 25 minutes. Elles doivent être *al dente*. Égouttez-les et réservez-les.

3. Hachez finement l'oignon. Chauffez l'huile dans une poêle, faites-y revenir pendant 4 minutes l'oignon, puis ajoutez la pâte de curry. Délayez-la dans l'huile pendant 1 à 2 minutes.

4. Versez le lait de coco, ajoutez le curry en poudre, salez, mélangez, puis incorporez les lentilles. Portez doucement à ébullition, puis ajoutez les épinards. Laissez cuire tout en mélangeant jusqu'à ce qu'ils flétrissent. Laissez refroidir et réservez au réfrigérateur.

5. Le jour J, concassez grossièrement les cacahuètes et faites-les griller dans une poêle sans matière grasse. Réchauffez les lentilles aux épinards à feu doux. Hors du feu, parsemez de cacahuètes grillées et de piment haché pour un goût plus relevé et dégustez aussitôt.

SPÉCIAL
SAVEURS
VENUES
D'AILLEURS

DAHL AUX 3 LENTILLES

Pour 4 personnes
Préparation : 15 min
Cuisson : 35 min + 5 min
Conservation : 48 h au réfrigérateur

À préparer à l'avance
80 g de lentilles vertes
80 g de lentilles blondes
80 g de lentilles corail
1 tomate
2 gousses d'ail
1 cm de gingembre
2 cuil. à café de beurre
1 cuil. à café de graines de cumin
1 cuil. à café de curcuma
½ cuil. à café de graines de moutarde
2 piments verts
1 pincée de sucre en poudre
Sel

Le jour J
1 piment rouge épépiné et haché grossièrement
1 cuil. à soupe de persil ciselé

SPÉCIAL SAVEURS VENUES D'AILLEURS

1. Mesurez le volume des lentilles dans un verre doseur, puis trois fois leur volume d'eau. Versez l'eau dans une casserole, ne salez pas, ajoutez les lentilles blondes et les lentilles vertes. Portez à ébullition et faites cuire pendant 10 minutes à petits frémissements. Ajoutez les lentilles corail et prolongez la cuisson pendant 15 minutes.

2. Égouttez les lentilles au-dessus d'un récipient. Mixez la moitié des lentilles avec la moitié de l'eau de cuisson, réservez le reste des lentilles.

3. Épépinez et hachez grossièrement les piments verts. Épluchez et hachez le gingembre. Pelez et hachez l'ail. Coupez la tomate en petits dés.

4. Chauffez le beurre dans une poêle, torréfiez les graines de moutarde et de cumin avec les piments verts pendant 2 minutes. Ajoutez le gingembre, l'ail et la tomate, faites revenir l'ensemble pendant 3 minutes. Ajoutez le curcuma et le sucre, incorporez les lentilles en purée, puis les lentilles entières. Salez, mélangez et laissez cuire doucement pendant 3 à 4 minutes. Laissez refroidir et réservez au réfrigérateur.

5. Le jour J, réchauffez le dahl à feu doux jusqu'à ce qu'il soit bien chaud. Goûtez et rectifiez l'assaisonnement si nécessaire. Servez parsemé de persil ciselé et de piment rouge haché.

CURRY D'AUBERGINES

Pour 4 personnes
Préparation : 20 min
Repos : 1 h
Cuisson : 1 h + 5 min
Conservation : 24 h au réfrigérateur

À préparer à l'avance
- 2 belles aubergines (500 g environ)
- 2 oignons
- 7 cl d'huile d'olive
- 2 cm de gingembre
- 1 piment vert haché
- 2 cuil. à soupe de noix de coco râpée
- 2 cuil. à soupe de cacahuètes décortiquées non salées
- 2 cuil. à soupe de graines de sésame
- 1 cuil. à soupe de graines de coriandre
- 1 cuil. à soupe de graines de cumin
- 1 cuil. à café de curcuma
- ½ cuil. à café de piment en poudre
- ½ cuil. à café d'asafoetida
- Sel

Le jour J
- 2 cuil. à soupe de coriandre fraîche ciselée

SPÉCIAL SAVEURS VENUES D'AILLEURS

1. Rincez et séchez les aubergines. Détaillez-les en gros cubes de 2,5 cm de côté environ. Saupoudrez-les de sel fin et laissez-les dégorger pendant 1 heure dans une passoire.

2. Chauffez 5 cl d'huile avec 5 cl d'eau dans une sauteuse et faites-y revenir les aubergines pendant 15 à 20 minutes, en ajoutant de l'eau en cours de cuisson, jusqu'à ce que la chair soit tendre. Égouttez les cubes d'aubergine sur du papier absorbant.

3. Concassez grossièrement les cacahuètes et faites-les griller dans une poêle sans matière grasse pendant 5 à 6 minutes. Ajoutez les graines de sésame pour les 30 dernières secondes de cuisson. Lorsqu'elles sont dorées, éteignez la flamme, ajoutez la noix de coco et mélangez quelques secondes dans la poêle chaude. Transvasez dans un bol et réservez.

4. Faites chauffer 2 cuillerées à soupe d'huile dans la poêle, ajoutez les oignons finement hachés, l'asafoetida, le gingembre épluché et râpé, les graines de cumin et de coriandre et les piments vert et en poudre. Faites revenir l'ensemble jusqu'à ce que les oignons soient translucides, saupoudrez de curcuma et salez. Ajoutez 12 cl d'eau, laissez cuire pendant 3 minutes supplémentaires. Mixez l'ensemble avec le mélange de cacahuètes, graines de sésame et noix de coco.

5. Faites revenir la pâte obtenue à feu doux pendant 5 minutes, puis ajoutez 35 cl d'eau. Incorporez les aubergines et laissez mijoter le tout à feu doux pendant 20 minutes. Rectifiez l'assaisonnement, laissez refroidir et réservez au réfrigérateur.

6. Le jour J, réchauffez le curry d'aubergines à feu doux et servez aussitôt parsemé de coriandre fraîche ciselée.

TOFU À LA SAUCE DE TAMARIN
et aux légumes sautés

Pour 4 personnes
Préparation : 15 min
Cuisson :
25 min + 10 min
Conservation : 24 h
au réfrigérateur

À préparer à l'avance
250 g de tofu
250 g de pois gourmands
2 carottes jaunes
2 gousses d'ail
20 cl d'huile + 3 cuil. à soupe
5 cuil. à soupe de concentré de tamarin
3 cuil. à soupe de sauce de poisson
1 cuil. à soupe de sucre de canne
1 cuil. à café de sel

Le jour J
30 g d'échalotes frites en pot
1 cuil. à soupe de sésame noir
½ botte de coriandre

SPÉCIAL SAVEURS VENUES D'AILLEURS

1. Coupez le tofu en cubes. Épluchez et coupez les carottes en rondelles. Écrasez les gousses d'ail. Équeutez les pois gourmands.

2. Versez 20 cl d'huile dans une poêle et faites chauffer à feu moyen. Faites-y frire le tofu. Dès que les morceaux sont dorés, retirez-les et réservez.

3. Enlevez le surplus d'huile resté dans la poêle avec du papier absorbant. Versez 2 cuillerées à soupe d'huile dans la poêle et laissez chauffer à feu moyen. Faites cuire les carottes pendant 5 minutes, puis ajoutez les pois gourmands et cuisez-les pendant 3 minutes. Réservez.

4. Versez 1 cuillerée à soupe d'huile dans une poêle et faites chauffer à feu moyen. Ajoutez l'ail et faites cuire 1 minute. Versez 1 verre d'eau, ajoutez le sucre de canne, la sauce de poisson, le sel et le concentré de tamarin, puis laissez cuire 5 minutes. Ajoutez le tofu et les légumes, mélangez bien, puis réservez au réfrigérateur dans une boîte hermétique jusqu'au moment de servir.

5. Le jour J, rincez et ciselez la coriandre, transférez le contenu de la boîte dans une poêle et réchauffez à feu doux. Pendant ce temps chauffez une autre poêle à feu doux et grillez les graines de sésame noir pendant 1 minute. Disposez le tofu et les légumes dans les assiettes, nappez de sauce, saupoudrez de graines de sésame noir, d'échalotes frites et de coriandre émincée, et dégustez.

PILAF DE CHOU-FLEUR, *ananas et patate douce*

Pour 4 personnes
Préparation : 20 min
Cuisson :
25 min + 10 min
Conservation : 24 h
au réfrigérateur

À préparer à l'avance
1 chou-fleur
4 rondelles d'ananas
1 petite patate douce
35 cl de lait de coco
3 échalotes
2 gousses d'ail
1 cm de gingembre
½ petit piment rouge
3 cuil. à soupe d'huile de coco
2 cuil. à café de curcuma
2 cuil. à café de sauce soja
1 cuil. à café de graines de coriandre
1 cuil. à café de graines de cumin
1 pincée de sucre en poudre

Le jour J
2 cuil. à soupe de graines de sésame
2 tiges d'oignons nouveaux hachées

1. Retirez les feuilles du chou-fleur, rincez-le, séchez-le, puis râpez-le finement. Écrasez légèrement les graines de coriandre dans un mortier. Détaillez les rondelles d'ananas en dés. Faites-les caraméliser dans 1 cuillerée à soupe d'huile de coco avec le sucre. Réservez.

2. Épluchez et coupez en petits dés la patate douce. Pelez et hachez finement l'ail, les échalotes et le gingembre. Faites revenir dans le restant d'huile de coco les échalotes et le piment coupé en deux pendant 3 minutes. Ajoutez le gingembre et l'ail, les graines de coriandre et de cumin. Poursuivez la cuisson pendant 2 minutes, puis incorporez le lait de coco et la sauce soja.

3. Ajoutez la patate douce et le curcuma, couvrez et laissez cuire à feu doux pendant 5 minutes. Incorporez le chou-fleur râpé et couvrez. Prolongez la cuisson pendant 4 minutes, jusqu'à ce que le chou-fleur soit cuit *al dente*. Laissez refroidir et réservez au réfrigérateur.

4. Le jour J, faites dorer les graines de sésame quelques minutes dans une poêle sans matière grasse. Réchauffez le pilaf quelques minutes à feu doux, puis servez parsemé de vert d'oignons nouveaux et de graines de sésame.

SPÉCIAL SAVEURS VENUES D'AILLEURS

CANARD AUX NAVETS *et aux oranges sanguines*

Pour 4 personnes
Préparation : 15 min
Cuisson : 40 min + 10 min
Conservation :
24 h au réfrigérateur

À préparer à l'avance
1 canette coupée en morceaux
10 petits navets nouveaux
Le jus de 4 oranges sanguines
40 g de beurre
8 orangettes
4 cuil. à soupe de miel
Sel et poivre

Le jour J
Les quartiers de 1 orange
2 orangettes

1. Faites fondre le beurre dans la cocotte et laissez dorer les morceaux de canette sur toutes les faces. Ajoutez les orangettes, le miel, le jus des oranges, les navets, puis salez et poivrez.

2. Couvrez et laissez mijoter 40 minutes en remuant de temps en temps. Ôtez le couvercle et laissez réduire un peu la sauce. Laissez refroidir et réservez dans la cocotte au réfrigérateur.

3. Le jour J, placez la cocotte sur feu doux, à couvert, et réchauffez le canard une dizaine de minutes. Ajoutez les quartiers d'orange et 2 orangettes en décoration, puis servez aussitôt.

LAPIN À LA MOUTARDE

Pour 6 personnes
Préparation : 15 min
Cuisson : 30 min + 15 min
Conservation : 24 h au réfrigérateur

1 lapin coupé en morceaux
3 carottes
3 échalotes
15 cl de vin blanc sec
5 cuil. à soupe de moutarde à l'ancienne
1 cuil. à soupe d'huile d'olive
1 cuil. à soupe d'herbes de Provence

1. Préchauffez le four à 180 °C (th. 6).

2. Pelez les carottes et coupez-les en rondelles. Dans un plat allant au four, déposez les carottes, les échalotes pelées et coupées en deux, puis versez le vin blanc.

3. Mélangez les herbes avec la moutarde et l'huile, puis badigeonnez-en les morceaux de lapin à l'aide d'un pinceau. Disposez-les dans le plat. Enfournez et laissez cuire 30 minutes environ, en arrosant la viande de temps en temps avec le jus de cuisson. Laissez refroidir et réservez le plat au réfrigérateur.

4. Le jour J, préchauffez le four à 150 °C (th. 5) et enfournez le lapin pour une quinzaine de minutes. Servez immédiatement.

POULET AUX ARTICHAUTS *et à l'orange*

Pour 8 personnes
Préparation : 20 min
Cuisson : 2 h + 10 min
Conservation : 24 h au réfrigérateur

À préparer à l'avance
- 2 poulets fermiers de 1,3 kg chacun
- 18 fonds d'artichaut au naturel
- Le jus de 1 orange
- 400 g d'olives violettes
- 4 gousses d'ail
- 3 gros oignons doux
- 1 bouquet de persil plat
- 1 bouquet de coriandre
- 6 cuil. à soupe d'huile d'olive
- 1 cuil. à café de gingembre en poudre
- 1 cuil. à café de poivre noir
- Sel fin

Le jour J
- Quelques brins de menthe fraîche
- Le zeste de 1 orange

SPÉCIAL SAVEURS D'ÉTÉ

1. Pelez et hachez les gousses d'ail. Pelez et émincez les oignons. Mélangez ces deux ingrédients avec le poivre et le gingembre. Salez l'intérieur des poulets, introduisez un peu du mélange précédent dans la cavité ventrale et étalez le reste sur les poulets en appuyant bien.

2. Faites chauffer la moitié de l'huile dans une grande cocotte et posez les poulets dedans. Faites-les dorer, en les retournant, pendant 15 minutes environ. Mouillez d'eau à mi-hauteur, puis ajoutez le persil et la coriandre. Portez à ébullition, ajoutez le reste d'huile et couvrez. Laissez mijoter pendant 1 h 30. Retirez les poulets de la cocotte et réservez-les.

3. Ôtez et jetez le persil et la coriandre. Faites réduire le fond de cuisson en remuant sur feu assez vif. Ajoutez les olives, le jus de l'orange et les fonds d'artichaut coupés en quartiers. Faites mijoter pendant une dizaine de minutes à découvert. Goûtez et rectifiez l'assaisonnement (attention les olives sont souvent salées).

4. Découpez les poulets et remettez-les dans la casserole avec la sauce. Laissez refroidir et réservez au réfrigérateur.

5. Le jour J, réchauffez le poulet et la sauce quelques minutes à feu doux. Disposez dans un tajine de service, décorez avec des feuilles de menthe fraîche et des lanières de zeste d'orange, et servez aussitôt.

POULET MIJOTÉ AUX ÉPICES,
à la vodka et au boulgour

Pour 4 personnes
Préparation : 30 min
Cuisson : 1 h 30 + 15 min
Conservation : 48 h au réfrigérateur

À préparer à l'avance
1 poulet découpé en morceaux
1 cuil. à café de cannelle en poudre
1 cuil. à café de graines de fenouil
½ cuil. à café de graines de cumin
½ cuil. à café de piment en poudre
1 verre de vodka
150 g de boulgour
1 bulbe de fenouil
1 poivron rouge
1 oignon
2 citrons confits
5 feuilles de menthe
60 cl de bouillon de volaille
4 cuil. à soupe d'huile d'olive
3 cuil. à soupe de farine
1 cuil. à café de fleur de sel

Le jour J
6 cuil. à soupe de crème fraîche

1. Mélangez toutes les épices avec la fleur de sel et broyez-les dans un robot de manière à obtenir une poudre, puis ajoutez la farine. Dans un sac en plastique, placez les morceaux de poulet avec cette poudre, fermez le sac et secouez afin que le poulet s'imprègne bien des épices.

2. Coupez le fenouil et le poivron en petits cubes. Pelez et hachez finement l'oignon. Hachez les citrons confits et les feuilles de menthe. Chauffez l'huile d'olive dans la cocotte et faites-y dorer les morceaux de poulet, en procédant en plusieurs fois. Retirez-les et placez-les sur une assiette au fur et à mesure. Baissez le feu et ajoutez le fenouil, le poivron, l'oignon et les citrons, et laissez cuire quelques minutes. Incorporez la farine épicée restante, le boulgour et remuez. Versez la vodka et laissez réduire de moitié. Ajoutez le bouillon en couvrant à hauteur du boulgour.

3. Préchauffez le four à 180 °C (th. 6).

4. Préparez un couvercle avec du papier sulfurisé, posez-le sur le boulgour, puis ajoutez les morceaux de poulet sur le papier sulfurisé. Couvrez et enfournez dans la partie haute pour 45 minutes. Laissez refroidir, enlevez le papier sulfurisé et réservez la cocotte au réfrigérateur.

5. Le jour J, réchauffez la cocotte sur feu doux pendant une quinzaine de minutes. Servez accompagné de crème fraîche froide.

POULARDE AU VIN JAUNE
et aux morilles

Pour 4 personnes
Préparation : 30 min
Repos : 12 h
Cuisson : 1 h 15 + 10 min
Conservation : 24 h au réfrigérateur

1 poularde coupée en morceaux
25 cl de vin jaune
150 g de morilles séchées
500 g de crème fermière épaisse
40 g de beurre
2 cuil. à soupe de farine
1 cuil. à soupe d'huile
Sel et poivre

1. La veille, mettez les morilles séchées à tremper dans de l'eau chaude. Le jour même, égouttez-les, puis séchez-les. Préchauffez le four à 180 °C (th. 6).

2. Dans une grande cocotte, faites chauffer le beurre et l'huile, ajoutez les morceaux de poularde et dorez-les sur tous les côtés. Salez, poivrez et saupoudrez de farine, puis mélangez. Couvrez la cocotte et enfournez pour 45 minutes.

3. Sortez la cocotte du four, retirez les morceaux de poulet et ôtez toute la matière grasse. Versez le vin et, à l'aide d'une cuillère en bois, grattez les sucs de cuisson. Incorporez la crème fermière et rectifiez l'assaisonnement. Remettez les morceaux de poularde, ajoutez les morilles et poursuivez la cuisson à feu très doux pendant 20 à 30 minutes en fonction de la fermeté de la poularde. Laissez refroidir et réservez la cocotte au réfrigérateur.

4. Le jour J, réchauffez la poularde à feu doux une dizaine de minutes. Servez accompagné de mini-cocottes garnies d'une purée de pommes de terre maison et de haricots verts.

SPÉCIAL PRINTEMPS

PINTADE EXOTIQUE AU MIEL
et à la vanille

Pour 4 personnes
Préparation : 30 min
Marinade : 30 min à 1 h
Cuisson : 40-50 min + 15 min
Conservation : 24 h au réfrigérateur

- 1 belle pintade coupée en morceaux
- 1 ananas Victoria
- 1 mangue
- 1 fruit de la Passion
- 40 g de beurre
- 20 g de gingembre frais râpé
- 2 belles gousses de vanille de Tahiti
- 4 cuil. à soupe de miel
- 2 cuil. à soupe de jus de citron jaune
- 2 cuil. à soupe de jus de citron vert
- 1 cuil. à soupe de rhum
- 1 cuil. à soupe d'huile
- 1 piment rouge
- 1 clou de girofle
- Sel et poivre

SPÉCIAL SAVEURS VENUES D'AILLEURS

1. Dans un grand plat rectangulaire, mélangez le jus des citrons avec 1 gousse de vanille coupée en deux et grattée, le gingembre râpé, la moitié du miel, le clou de girofle, le piment émincé, le sel et le poivre. Faites-y macérer les morceaux de pintade 30 minutes à 1 heure. Préchauffez le four à 180 °C (th. 6).

2. Mettez la moitié du beurre avec l'huile à fondre dans une cocotte et faites dorer les morceaux de pintade, salez, poivrez, ajoutez la marinade, fermez la cocotte et enfournez pour 30 à 40 minutes. Pendant ce temps, épluchez les fruits, coupez la mangue, le fruit de la Passion et l'ananas en grosses tranches, puis recoupez les tranches d'ananas en deux.

3. Dans une sauteuse, faites fondre le reste du beurre, ajoutez les fruits, la seconde gousse de vanille ouverte et grattée, le rhum et le miel. Mélangez et laissez cuire 10 minutes à feu vif en remuant délicatement. Ajoutez les fruits dans la cocotte avec la pintade et laissez au four encore 10 minutes. Laissez refroidir et réservez la cocotte au réfrigérateur.

4. Le jour J, préchauffez le four à 150 °C (th. 5) et enfournez la cocotte couverte pour une quinzaine de minutes. Servez accompagné d'un riz nature.

COUSCOUS DE LÉGUMES
à la semoule d'épeautre

Pour 8 personnes
Préparation : 20 min + 5 min
Cuisson : 1 h 10 + 10 min
Conservation : 48 h au réfrigérateur
Repos : 5 min

À préparer à l'avance
8 carottes
4 courgettes
4 branches de céleri
4 fenouils
8 petits navets
8 petits oignons
400 g de pois chiches en bocal
4 gousses d'ail
4 cuil. à soupe d'huile d'olive
4 cuil. à café de ras el-hanout
2 cuil. à café de graines de fenouil
4 bâtons de cannelle
1 cuil. à soupe de gros sel
Sel et poivre

Le jour J
750 g de semoule d'épeautre
75 g de beurre
2 cuil. à soupe d'huile d'olive
Sel

SPÉCIAL
SAVEURS VENUES D'AILLEURS

1. Lavez les courgettes, le céleri et les fenouils. Pelez les carottes, les navets et les oignons. Taillez les carottes, les courgettes et les branches de céleri en tronçons de 5 cm. Coupez les fenouils en deux. Pelez, dégermez et écrasez du plat d'un couteau les gousses d'ail.

2. Dans une grande cocotte, versez 2 cuillerées à soupe d'huile d'olive et faites revenir les oignons, les navets et les fenouils pendant 5 minutes. Retirez-les à l'aide d'une écumoire et réservez. Renouvelez l'opération avec les tronçons de carotte, de courgette et de céleri. Remettez les légumes réservés dans la cocotte, ajoutez le ras el-hanout, les graines de fenouil et les gousses d'ail écrasées. Remuez en laissant cuire 1 minute. Ajoutez le gros sel et les bâtons de cannelle puis recouvrez de 2 l d'eau.

3. Portez à ébullition et poursuivez la cuisson à couvert pendant 45 minutes. Ajoutez les pois chiches 15 minutes avant la fin de la cuisson : les légumes doivent être fondants. Goûtez et rectifiez l'assaisonnement si nécessaire. Laissez refroidir et réservez la cocotte au réfrigérateur.

4. Le jour J, préparez la semoule d'épeautre. Dans un faitout, portez à ébullition 75 cl d'eau additionnée de 1 ½ cuillerée à café de sel et de 2 cuillerées à soupe d'huile d'olive. Ajoutez la semoule et remuez. Laissez gonfler 5 minutes à couvert. Pendant ce temps, réchauffez les légumes.

5. Égrenez la semoule à la fourchette avec le beurre coupé en petits morceaux. Versez-la dans un plat chaud. Apportez directement la cocotte avec les légumes du feu à la table. Dans chaque assiette, servez la semoule et recouvrez de légumes fondants et de bouillon parfumé.

COCOTTE DE THON
à l'aubergine et au cumin

Pour 6 personnes
Préparation : 15 min
Cuisson :
45 min + 10 min
Conservation : 24 h au réfrigérateur
Repos : 5 min

À préparer à l'avance
6 tranches de thon rouge (200 g chacune environ)
6 grosses aubergines longues
3 gousses d'ail
3 oignons
5 cuil. à soupe d'huile d'olive
1 cuil. à soupe rase de cumin
1 cuil. à café de piment doux en poudre
Sel et poivre

Le jour J
1 bouquet de coriandre fraîche
18 olives vertes
6 brins de persil plat

SPÉCIAL SAVEURS D'ÉTÉ

1. Lavez les aubergines, essuyez-les, coupez-les en rondelles régulières assez fines, poudrez-les de sel et réservez-les dans une passoire. Pelez les gousses d'ail et les oignons, émincez-les. Rincez et essuyez les tranches de thon. Salez-les et poivrez-les.

2. Rincez et épongez soigneusement les rondelles d'aubergine. Faites chauffer l'huile dans une cocotte, ajoutez l'ail et les oignons. Mélangez et faites revenir en remuant pendant quelques minutes, puis posez les rondelles d'aubergine. Versez 12 cl d'eau où vous aurez ajouté le cumin et le piment. Laissez mijoter doucement à couvert pendant 25 minutes. Ajoutez ensuite les tranches de thon et poursuivez la cuisson pendant 20 minutes, toujours sur feu doux. Laissez refroidir et réservez au réfrigérateur dans la cocotte.

3. Le jour J, faites réchauffer à feu doux, à couvert. Lavez la coriandre et le persil, épongez-les et ciselez les feuilles. Dénoyautez et hachez grossièrement les olives. Retirez le couvercle de la cocotte, goûtez et rectifiez l'assaisonnement. Ajoutez la coriandre et le persil, ainsi que les olives vertes. Laissez reposer à couvert pendant quelques minutes avant de servir.

TAJINE D'AGNEAU
et dattes farcies

Pour 4-5 personnes
Préparation : 15 min
Cuisson : 1 h 30 à 1 h 45 + 10 min
Conservation : 24 h au réfrigérateur

1,2 kg d'épaule d'agneau coupée en gros dés
8 dattes Medjoul
1 gros oignon
250 g d'amandes mondées
3-4 cuil. à café de sucre semoule
2 clous de girofle
2 bâtons de cannelle
1 cuil. à café de gingembre en poudre
1 cuil. à café de ras-el-hanout
1 cuil. à café de curcuma
1 cuil. à café de cannelle en poudre
Quelques pistils de safran
6 cuil. à soupe d'huile d'olive
1 cuil. à café de gros sel
Sel et poivre

SPÉCIAL SAVEURS VENUES D'AILLEURS

1. Mélangez les pistils de safran et le gros sel dans un petit pot et réservez-les. Versez 4 cuillerées d'huile dans le fond d'une cocotte et faites revenir la viande sur toutes ses faces. Ajoutez l'oignon haché, puis toutes les épices, le sel et le safran et mélangez bien.

2. Recouvrez d'eau à hauteur de la viande et laissez mijoter à feu doux et à couvert, 30 minutes environ, puis ôtez le couvercle et prolongez la cuisson de 45 minutes à 1 heure.

3. Lorsque le jus a bien réduit, ajoutez 1 à 2 cuillerées à café de sucre semoule, mélangez et laissez mijoter une dizaine de minutes. La sauce doit être légèrement brillante et sirupeuse. En fonction du résultat obtenu, laissez s'évaporer le jus de cuisson ou, au contraire, ajoutez un peu d'eau. Selon votre goût ajoutez sel, poivre ou sucre et maintenez au chaud.

4. Pendant la cuisson du tajine, faites légèrement dorer les amandes à la poêle dans 1 cuillerée d'huile, puis épongez-les dans du papier absorbant. Dénoyautez les dattes et remplacez le noyau par une amande grillée. Versez 1 cuillerée d'huile dans une casserole, déposez les dattes farcies, 1 cuillerée à café de sucre et la cannelle en poudre, mélangez rapidement sans laisser le temps de cuire pour donner aux dattes un aspect brillant. Déposez les dattes dans la cocotte, laissez refroidir et réservez au réfrigérateur.

5. Le jour J, réchauffez la cocotte à feu doux, à couvert, une dizaine de minutes. Dressez la viande et les dattes dans un plat à tajine et dégustez accompagné d'une semoule de couscous.

NAVARIN D'AGNEAU
printanier

Pour 4 personnes
Préparation : 15 min
Cuisson : 1 h 15 + 10 min
Conservation : 24 h au réfrigérateur

600 g d'épaule d'agneau désossée et dégraissée
4 carottes
4 navets
300 g de petits pois écossés
300 g de haricots verts équeutés
½ botte d'oignons nouveaux
200 g de pulpe de tomates en boîte
20 g de farine
1 gousse d'ail
1 bouquet garni
1 noix de margarine spécial cuisson
1 cuil. à soupe d'huile d'arachide
Sel et poivre

1. Pelez et hachez l'ail. Épluchez les oignons et coupez leur tige à 3 cm du bulbe. Coupez la viande en gros cubes.

2. Chauffez l'huile et la margarine dans une grande cocotte et faites-y dorer les morceaux d'agneau. Lorsqu'ils sont bien colorés, saupoudrez-les de farine et enrobez-les en remuant à l'aide d'une cuillère en bois. Ajoutez l'ail, les oignons, la pulpe de tomates et le bouquet garni. Salez, poivrez et couvrez d'eau à hauteur. Portez à ébullition, couvrez et laissez mijoter 35 minutes.

3. Lavez et épluchez les carottes et les navets. Coupez les carottes en grosses rondelles (2 à 3 mm d'épaisseur), les navets en cubes et les haricots verts en tronçons de 2 à 3 cm. Ajoutez les carottes, les navets, les haricots verts et les petits pois dans la cocotte et poursuivez la cuisson 20 minutes à feu doux. Ôtez le bouquet garni, poivrez et mélangez. Laissez refroidir et réservez la cocotte au réfrigérateur.

4. Le jour J, réchauffez le navarin à feu doux, à couvert, une dizaine de minutes, et dégustez.

SPÉCIAL PRINTEMPS

ÉPAULE D'AGNEAU FARCIE
aux olives et aux pignons de pin

Pour 4 personnes
Préparation : 15 min
Cuisson : 1 h à 1 h 15 + 15 min
Conservation : 24 h au réfrigérateur

1 épaule d'agneau désossée
100 g de pignons de pin
10 olives vertes dénoyautées
3 tranches de coppa
2 tomates
2 petites courgettes
1 aubergine
1 poivron rouge
2 gousses d'ail
2 filets d'anchois
1 tranche de pain de mie
40 g de beurre
4 cuil. à soupe d'huile d'olive
1 bouquet d'herbes mélangées (sauge, thym, persil plat, basilic)
1 feuille de laurier
Quelques branches de romarin
Sel et poivre

1. Rincez et coupez les légumes en gros dés. Préchauffez le four à 180 °C (th. 6).

2. Dans le bol d'un robot, mixez grossièrement les gousses d'ail, les herbes, la coppa, les anchois, le pain de mie, les olives et les pignons de pin. Salez et poivrez.

3. Étalez cette préparation sur la viande et ficelez l'épaule comme un rôti en glissant les branches de romarin sous la ficelle. Chauffez l'huile et le beurre dans une grosse cocotte et faites-y dorer l'épaule de tous côtés. Sortez l'épaule de la cocotte, ajoutez les légumes et le laurier, salez, poivrez et replacez l'épaule dans la cocotte.

4. Enfournez 45 minutes, pour obtenir une viande rosée, ou prolongez la cuisson si vous souhaitez une viande plus cuite. Retournez l'épaule et mélangez les légumes en cours de cuisson. Ajoutez un peu d'eau si les légumes attachent. Laissez refroidir et réservez la cocotte au réfrigérateur.

5. Le jour J, préchauffez le four à 150 °C (th. 5) et enfournez la cocotte une quinzaine de minutes. Servez accompagné d'une fougasse tiède.

SPÉCIAL SAVEURS D'ÉTÉ

TAJINE DE MOUTON
au potiron et au miel

Pour 4 personnes
Préparation : 20 min
Cuisson :
2 h 30 + 10 min
Conservation : 24 h
au réfrigérateur

À préparer à l'avance
1,2 kg de mouton (collier, poitrine, sans os)
600 g de potiron
5 cuil. à soupe de miel
1 oignon gros
1 bouquet de coriandre
5 cuil. à soupe d'huile d'olive
1 cuil. à café de gingembre en poudre
1 mesure de safran
1 bâton de cannelle
Sel et poivre

Le jour J
1 cuil. à soupe de graines de sésame
1 cuil. à soupe d'eau de fleur d'oranger

1. Coupez la viande en morceaux, salez-les, puis poivrez-les. Pelez et émincez l'oignon. Pelez le potiron, retirez les graines et les filandres, coupez-le en cubes.

2. Mettez dans une cocotte les morceaux de mouton, l'huile d'olive, l'oignon, le gingembre, la coriandre, le safran et le bâton de cannelle. Mouillez d'eau à hauteur. Posez le couvercle et faites mijoter sur feu très doux pendant 2 heures. Lorsque la viande est cuite, ôtez le couvercle et laissez réduire la sauce jusqu'à ce qu'elle devienne onctueuse.

3. Retirez la viande, le bouquet de coriandre et le bâton de cannelle, puis mettez à la place les morceaux de potiron et faites cuire pendant 20 minutes. Ajoutez le miel et laissez mijoter encore 10 minutes. Remettez la viande dans le tajine, laissez refroidir le tout et réservez au réfrigérateur.

4. Le jour J, faites réchauffer le tajine quelques minutes à feu doux, à couvert, avec l'eau de fleur d'oranger. Pendant ce temps, faites griller à sec les graines de sésame dans une petite poêle. Placez la cocotte sur la table, parsemez de sésame et dégustez.

SPÉCIAL SAVEURS VENUES D'AILLEURS

FILET MIGNON À L'ANANAS
et au gingembre

Pour 4 personnes
Préparation : 10 min
Marinade : 1 h
Cuisson :
45 min + 10 min
Conservation : 24 h
au réfrigérateur

2 filets mignons de porc
1 boîte d'ananas en tranches
30 g de beurre
2 cuil. à soupe d'huile d'olive

Pour la marinade
20 cl de jus d'ananas
½ pot de confiture d'ananas
1 cuil. à soupe de gingembre moulu
2 cuil. à soupe de sauce de soja
2 cuil. à soupe de miel
1 cuil. à soupe de moutarde

1. Mélangez tous les ingrédients de la marinade, déposez-y les filets mignons et laissez reposer 1 heure en retournant et en arrosant une ou deux fois la viande.

2. Dans une cocotte, chauffez l'huile et 20 g de beurre, ajoutez les filets mignons égouttés et faites-les dorer sur toutes les faces. Versez la marinade, couvrez et laissez mijoter à feu doux pendant 35 minutes. Si la sauce est trop liquide, découvrez et laissez réduire afin d'obtenir une sauce brillante et sirupeuse.

3. Pendant ce temps, dans une poêle, faites dorer les tranches d'ananas égouttées dans le reste de beurre, puis ajoutez-les dans la cocotte et mijotez 10 minutes. Laissez refroidir et réservez au réfrigérateur.

4. Le jour J, faites réchauffer à feu doux une dizaine de minutes. Servez dans la cocotte, accompagnée d'un plat de semoule de couscous dans laquelle vous aurez ajouté une vingtaine de feuilles de menthe hachées, une pointe de cumin et un peu de beurre.

SPÉCIAL
SAVEURS
VENUES
D'AILLEURS

COCHON DE LAIT AU CARAMEL *au beurre salé*

Pour 4-5 personnes
Préparation : 10 min
Cuisson : 2 h + 15 min
Conservation : 24 h au réfrigérateur

1 petit carré de cochon de lait
4 cuil. à soupe bombées de crème de caramel au beurre salé
50 g de beurre
2 cuil. à soupe d'huile d'olive
Sel et poivre

Pour les carottes confites
500 g de carottes
2 tranches de pain d'épice
20 g de beurre

1. Préchauffez le four à 170 °C (th. 5-6).

2. Dans une grande cocotte, faites dorer le cochon de lait de tous côtés dans le mélange beurre/huile. Salez et poivrez. Couvrez la cocotte et enfournez pour 2 heures. Arrosez et retournez régulièrement la viande. Environ 20 minutes avant la fin de la cuisson, ajoutez la crème de caramel dans la cocotte.

3. Pendant ce temps, épluchez et coupez les carottes en quatre. Dans une petite cocotte, faites fondre le beurre, ajoutez les carottes, émiettez le pain d'épice, couvrez, enfournez et laissez confire les carottes pendant 1 heure. Mélangez une fois ou deux les carottes pendant la cuisson. Laissez refroidir et réservez les 2 cocottes au réfrigérateur.

4. Le jour J, préchauffez le four à 150 °C (th. 5) et enfournez le cochon et les carottes pour une quinzaine de minutes. Servez avec une polenta crémeuse.

POUR LES SOIRÉES D'HIVER

PETIT SALÉ AUX LENTILLES

Pour 4 personnes
Préparation : 10 min
Dessalement : 12 h
Cuisson : 55 min + 10 min
Conservation : 24 h au réfrigérateur

600 g de palette de porc demi-sel (sans os)
400 g de carottes
200 g de lentilles vertes du Puy
1 oignon piqué de 3 clous de girofle
1 bouquet garni
1 cube de bouillon de pot-au-feu
Poivre

1. Faites dessaler la palette dans de l'eau froide, au réfrigérateur. Changez l'eau une ou deux fois.

2. Égouttez, puis mettez la palette de porc dans une cocotte et couvrez-la d'eau froide. Portez doucement à ébullition. Écumez, puis ajoutez le bouquet garni, l'oignon piqué de girofle et le cube de bouillon. Couvrez et laissez cuire à feu doux pendant 30 minutes.

3. Pendant ce temps, pelez les carottes, lavez-les et coupez-les en rondelles. Ajoutez-les dans la cocotte, ainsi que les lentilles. Poursuivez la cuisson 25 minutes, toujours à couvert.

4. Poivrez, ôtez le bouquet garni, laissez refroidir et réservez au réfrigérateur.

5. Le jour J, faites réchauffer le petit salé une dizaine de minutes à feu doux, à couvert. Servez dans un plat en terre cuite.

PAUPIETTES DE VEAU
aux champignons

Pour 4 personnes
Préparation : 10 min
Cuisson : 15 min + 10 min
Conservation : 24 h au réfrigérateur

À préparer à l'avance
4 paupiettes de veau
250 g de champignons de Paris
20 g de beurre
1 oignon
20 cl de bouillon de légumes
20 cl de vin blanc
½ cuil. à soupe de fond de veau déshydraté
1 cuil. à café de fécule de maïs

Le jour J
4 cuil. à soupe de crème liquide entière
4 branches de thym effeuillées
2 tiges de persil frisé hachées
Sel et poivre

1. Pelez et hachez finement l'oignon. Émincez les champignons de Paris. Faites dorer les paupiettes avec le beurre dans une sauteuse à feu vif 1 minute de chaque côté. Ajoutez l'oignon et mélangez pendant 1 minute. Versez le bouillon et le vin blanc, portez à ébullition, couvrez et faites revenir 9 minutes. Ajoutez les champignons et poursuivez la cuisson 3 minutes.

2. Pendant ce temps, prélevez 4 cuillerées à soupe de bouillon, mélangez-les avec le fond de veau et la fécule de maïs. Ajoutez ce mélange à la sauteuse et remuez pendant 1 minute. Laissez refroidir et réservez au réfrigérateur.

3. Le jour J, réchauffez les paupiettes 10 minutes à feu doux. Servez les paupiettes et le jus dans les assiettes, versez la crème liquide, salez, poivrez puis parsemez de thym et de persil.

OSSO-BUCO

Pour 6 personnes
Préparation : 10 min
Cuisson : 1 h 10 + 10 min
Conservation : 48 h au réfrigérateur

8 tranches épaisses de jarret de veau
1 os de veau
4 carottes
2 tomates
2 oignons
1 gousse d'ail
1 bouquet garni
50 g de beurre
1 cuil. à soupe de farine
1 petite boîte de concentré de tomates
1 morceau de sucre
20 cl de vin blanc
1 cuil. à soupe d'huile
Sel et poivre

1. Faites fondre le beurre avec l'huile dans la cocotte, déposez les tranches de jarret afin de les faire dorer de tous côtés. Si la cocotte n'est pas assez grande, procédez en deux fois.

2. Remettez tous les morceaux de viande dans la cocotte, ajoutez les oignons hachés, l'ail, le morceau de sucre et la farine en pluie. Mélangez, versez le vin blanc, le concentré de tomates, les tomates coupées en six, le bouquet garni, les carottes épluchées et coupées en rondelles, le sel et le poivre, l'os de veau et enfin complétez avec de l'eau à hauteur de la viande.

3. Laissez mijoter à feu très doux et à couvert pendant 30 minutes, puis 30 minutes à découvert. Mélangez régulièrement. La sauce doit être savoureuse et avoir une texture ni trop liquide ni trop épaisse. Laissez refroidir et réservez au réfrigérateur dans la cocotte.

4. Le jour J, réchauffez à feu doux et à couvert. Ôtez l'os de veau et servez accompagné de pâtes ou d'une polenta crémeuse.

SPÉCIAL SAVEURS VENUES D'AILLEURS

CHILI CON CARNE

Pour 6 personnes
Préparation : 20 min
Cuisson : 1 h 30 + 10 min
Conservation : 48 h au réfrigérateur

À préparer à l'avance
1 kg de viande de bœuf hachée
1 gros oignon
1 carotte
1 poivron rouge
1 poivron jaune
1 tomate
1 gousse d'ail
1 grosse boîte de haricots rouges
1 boîte de pulpe de tomates
1 petite boîte de concentré de tomates
25 cl de bouillon
3 cuil. à café de poudre de cumin
1 cuil. à soupe d'origan
½ cuil. à café de poudre de Chili
8 cuil. à soupe d'huile d'olive
Quelques gouttes de Tabasco®
Sel et poivre

Le jour J
1 petite laitue
1 petit pot de crème fraîche
200 g de cheddar râpé
Fajitas

1. Pelez et hachez l'oignon. Épluchez la carotte et coupez-la en petits dés. Épépinez et coupez les poivrons et la tomate en petits dés. Pelez et hachez l'ail. Versez 4 cuillerées à soupe d'huile d'olive dans la cocotte et faites revenir l'oignon, puis ajoutez tous les légumes et l'ail. Faites cuire 10 minutes en remuant, puis réservez dans un plat.

2. Versez de nouveau 4 cuillerées à soupe d'huile d'olive dans la cocotte et faites revenir la viande avec le cumin, en remuant. Versez la pulpe et le concentré de tomates, l'origan, la poudre de Chili, les légumes réservés et le bouillon. Salez, poivrez et laissez cuire à découvert pendant 45 minutes : le bouillon doit s'évaporer.

3. Égouttez les haricots rouges et ajoutez-les dans la cocotte. Épicez plus ou moins le chili con carne en ajoutant quelques gouttes de Tabasco® et mijotez 20 minutes. Laissez refroidir et réservez au réfrigérateur.

4. Le jour J, réchauffez le chili con carne une dizaine de minutes à feu doux. Servez accompagné de crème fraîche, de laitue coupée en lanières, de cheddar râpé et de fajitas tièdes.

SPÉCIAL
SAVEURS VENUES D'AILLEURS

POT-AU-FEU

Pour 4 personnes
Préparation :
20 min + 5 min
Dégorgement : 12 h
Cuisson :
2 h 50 + 20 min
Conservation : 24 h au réfrigérateur

À préparer à l'avance
500 g de joue de bœuf
4 blancs de poireaux
320 g de panais
4 navets ronds
100 g de céleri-rave
1 belle branche de céleri
1 oignon
1 bouquet garni
1 clou de girofle
1 poignée de gros sel
4 grains de poivre

Le jour J
20 g de fleur de sel
1 cuil. à soupe de concentré de tomates

POUR LES SOIRÉES D'HIVER

1. La veille, faites dégorger la viande dans une jatte remplie d'eau. Le jour même, égouttez la viande et faites-la blanchir, ficelée, dans un faitout d'eau bouillante pendant 5 minutes. Rafraîchissez-la et égouttez-la.

2. Rincez le faitout, remettez-y la viande et mouillez-la avec 3 l d'eau additionnée de gros sel. Ajoutez les grains de poivre, le clou de girofle piqué dans l'oignon épluché, ainsi que le bouquet garni. Portez à ébullition et laissez cuire 1 h 30.

3. Pendant ce temps, lavez et épluchez les panais, les navets, les poireaux et le céleri-rave. Ficelez les blancs de poireaux avec la branche de céleri lavée et coupée en deux. Ajoutez tous les légumes à la viande, couvrez et poursuivez la cuisson 1 heure à petits frémissements, pour éviter de dénaturer les légumes. Écumez fréquemment. Vérifiez la cuisson, puis retirez la viande et les légumes du bouillon et réservez-les dans un plat chaud. Faites réduire le bouillon de moitié pour concentrer les arômes. Détaillez les panais en tronçons, coupez le céleri-rave, les poireaux et les navets en quatre et émincez le céleri-branche. Coupez la viande en tranches et placez le tout dans le bouillon réduit. Laissez refroidir et réservez au réfrigérateur.

4. Le jour J, réchauffez le pot-au-feu une dizaine de minutes à feu doux. Délayez le concentré de tomates avec un peu de bouillon et présentez-le en saucière. Servez le pot-au-feu dans des assiettes creuses avec un peu de bouillon et disposez quelques cristaux de fleur de sel sur la viande.

BŒUF BOURGUIGNON
aux carottes

Pour 4 personnes
Préparation : 20 min
Marinade : 12 h
Cuisson : 2 h + 15 min
Conservation : 48 h au réfrigérateur

600 g de bœuf à braiser (macreuse) coupé en morceaux
1 tranche de poitrine de porc fumée (50 g environ)
2 carottes
1 oignon
1 gousse d'ail
1 bouquet garni
30 cl de bouillon de bœuf
30 cl de vin rouge
Sel et poivre

1. La veille, pelez les carottes, lavez-les, puis coupez-les en rondelles. Dégraissez la tranche de poitrine de porc sur toute la longueur, puis coupez-la en lardons de 1 cm de large. Portez le vin à ébullition avec 30 cl d'eau, le bouquet garni, l'oignon et l'ail pelés, ainsi que les rondelles de carotte. Salez et poivrez. Ôtez du feu, ajoutez les morceaux de viande et laissez-les mariner 12 heures.

2. Le lendemain, dans une cocotte à fond épais, faites revenir les lardons, puis égouttez-les sur du papier absorbant. Mettez les morceaux de viande égouttés, puis versez 3 cl de la marinade et le bouillon de bœuf. Portez à ébullition quelques minutes, écumez, puis couvrez la cocotte et laissez mijoter à feu doux pendant 1 h 30. Laissez refroidir et réservez au réfrigérateur.

3. Le jour J, réchauffez la cocotte à feu doux, à couvert, une quinzaine de minutes et dégustez aussitôt.

POUR LES SOIRÉES D'HIVER

COMPOTE POMME-POIRE

Pour 4 personnes
Préparation : 10 min
Cuisson : 30 min
Réfrigération : 2 h
Conservation : 48 h au réfrigérateur

4 pommes
4 poires
1 cuil. à café de thé Earl Grey
2 cuil. à soupe de miel de lavande
5 cl d'eau

1. Faites bouillir l'eau et laissez infuser le thé pendant 5 minutes. Avec un économe, enlevez le pédoncule des pommes, pelez-les, puis évidez l'intérieur. Coupez-les ensuite en petits morceaux.

2. Enlevez le calice des poires, pelez-les, puis coupez-les en deux. Évidez l'intérieur pour supprimer les pépins et les parties dures. Coupez ensuite les poires en petits morceaux.

3. Placez les fruits dans une casserole et ajoutez l'eau infusée. Faites cuire pendant 15 minutes à feu moyen, baissez le feu, couvrez et laissez cuire encore 15 minutes à feu doux. À la fin de la cuisson, ajoutez le miel de lavande.

4. Versez dans des ramequins et placez au réfrigérateur pendant au moins 2 heures.

ENFANTS SAGES

CRÈME CATALANE

Pour 4 personnes
Préparation : 5 min
Cuisson : 15 min
Réfrigération : 2 h
Conservation : 24 h au réfrigérateur

1 œuf + 2 jaunes
50 cl de lait
75 g de sucre de canne blond
25 g de fécule de maïs
½ cuil. à café d'écorce de citron en poudre
½ cuil. à café de cannelle en poudre
¼ cuil. à café d'anis vert en poudre

1. Dans un saladier, mélangez le sucre de canne, la fécule de maïs, l'écorce de citron en poudre, la cannelle et l'anis. Ajoutez les œufs et fouettez jusqu'à obtenir le blanchiment du mélange.

2. Dans une casserole, portez le lait à ébullition. Tout en fouettant, versez le lait bouillant en filet sur le mélange aux œufs. Reversez le tout dans la casserole et faites cuire la crème à feu doux, en remuant régulièrement avec une cuillère en bois jusqu'à épaississement.

3. Répartissez la crème catalane dans 4 cassolettes et laissez-les refroidir jusqu'au moment de servir.

SPÉCIAL SAVEURS VENUES D'AILLEURS

PETITS FLANS COCO

Pour 4 personnes
Préparation : 2 min
Cuisson : 6 min
Réfrigération : 2 h
Conservation : 24 h au réfrigérateur

50 cl de lait végétal
3 cuil. à soupe de sucre de canne blond
3 cuil. à soupe de noix de coco râpée
3/4 cuil. à café d'agar-agar

1. Versez le sucre de canne, la noix de coco râpée et l'agar-agar dans une casserole.

2. Ajoutez le lait et mélangez au fouet. Faites bouillir et maintenez l'ébullition 1 minute à feu moyen en remuant régulièrement.

3. Répartissez le flan coco dans 4 ramequins. Laissez refroidir à température ambiante, puis mettez au réfrigérateur pour au moins 2 heures.

SPÉCIAL SAVEURS VENUES D'AILLEURS

flans coco

PETITS POTS DE CRÈME CACAO

Pour 4 personnes
Préparation : 2 min
Cuisson : 5 min
Réfrigération : 2 h
Conservation : 24 h au réfrigérateur

36 g de sucre de canne blond
20 g de fécule de maïs
16 g de cacao en poudre non sucré
50 cl lait végétal

ENFANTS SAGES

1. Versez le sucre de canne, la fécule de maïs et le cacao en poudre dans une casserole. À l'aide d'un fouet, délayez avec le lait. Portez à ébullition en remuant régulièrement pour épaissir la crème.

2. Répartissez la crème cacao dans 4 ramequins. Laissez refroidir à température ambiante, puis mettez au réfrigérateur pour au moins 2 heures.

BLANC-MANGER À L'AMANDE

Pour 4 personnes
Préparation : 10 min
Cuisson : 5 min
Réfrigération : 2 h
Conservation : 24 h au réfrigérateur

- 60 cl de lait d'amande
- 60 g de sucre de canne blond
- 30 g de crème de riz
- 1/2 cuil. à café d'écorce de citron en poudre
- 1/4 cuil. à café de cannelle en poudre
- 1/4 cuil. à café de vanille en poudre

1. Versez le sucre de canne, la crème de riz, la cannelle, la vanille et l'écorce de citron dans une casserole. Ajoutez le lait d'amande et mélangez au fouet.

2. Portez à ébullition et maintenez-la pendant 3 minutes en remuant régulièrement : la crème va épaissir.

3. Répartissez le blanc-manger dans 4 verrines. Laissez refroidir à température ambiante, puis mettez au réfrigérateur pour au moins 2 heures.

SPÉCIAL
SAVEURS
VENUES
D'AILLEURS

Blanc-manger à l'amande

RIZ AU LAIT AUX CANNEBERGES, *à l'amande et à la cardamome*

Pour 6 personnes
Préparation : 5 min
Cuisson : 35 min
Conservation : 24 h au réfrigérateur

150 g de riz rond
1 l de lait végétal
80 g de sucre de canne blond
50 g de canneberges
50 g d'amandes effilées
½ cuil. à café de cardamome en poudre

1. Dans une casserole, portez le lait à ébullition. Versez le riz rond, le sucre de canne, les canneberges, les amandes et la cardamome puis mélangez.

2. Attendez la reprise de l'ébullition, puis couvrez et laissez cuire 30 minutes environ à feu doux en remuant de temps en temps. Les grains de riz doivent être tendres et fondants, sinon poursuivez la cuisson encore quelques minutes.

3. Répartissez le riz au lait dans 6 ramequins. Réservez au réfrigérateur jusqu'au moment de servir.

SPÉCIAL
SAVEURS D'AUTOMNE

Riz au lait

CRÈME RENVERSÉE À L'ORANGE *et au gingembre*

Pour 6 personnes
Préparation : 30 min
Cuisson : 30 min
Repos : 5 min
Réfrigération : 2 h
Conservation : 24 h au réfrigérateur

40 cl de lait de soja
1 orange
½ cuil. à café de gingembre en poudre
3 œufs extrafrais
190 g de sucre en poudre

SPÉCIAL SAVEURS D'AUTOMNE

1. Versez 100 g de sucre dans une casserole avec 5 cuillerées à soupe d'eau et portez à ébullition. Laissez cuire jusqu'à l'obtention d'un caramel clair. Hors du feu, versez peu à peu dans le caramel 5 cuillerées à soupe d'eau froide. Mélangez et laissez reprendre l'ébullition, puis répartissez ce caramel dans 6 ramequins en les inclinant pour que le caramel épouse bien les bords.

2. Préchauffez le four à 180 °C (th. 6). Lavez et séchez l'orange, puis prélevez le zeste. Versez le lait de soja et le zeste dans une casserole et portez à ébullition, puis laissez infuser 5 minutes. Filtrez le lait et jetez le zeste.

3. Cassez les œufs dans un saladier, ajoutez le sucre restant et la poudre de gingembre. Battez vivement avec un fouet. Pressez l'orange et ajoutez le jus dans le saladier. Ajoutez également le lait tiède et mélangez bien.

4. Versez cette préparation dans les ramequins. Déposez-les dans un plat rempli d'eau bouillante à mi-hauteur des ramequins. Enfournez pour 25 minutes.

5. Sortez du four et laissez refroidir sur une grille, puis placez au réfrigérateur pour 2 heures. Au moment de servir, démoulez les crèmes en passant la pointe d'un couteau le long des bords des ramequins. Renversez-les sur de petites assiettes légèrement creuses pour recueillir le caramel et dégustez.

PANNA COTTA AUX FRAMBOISES

Pour 4 personnes
Préparation : 10 min
Repos : 15 min
Cuisson : 5 min
Réfrigération : 2 h
Conservation : 24 h au réfrigérateur

À préparer à l'avance
- 30 cl de crème allégée à 15 % MG
- 30 cl de lait demi-écrémé
- 2 cuil. à soupe d'édulcorant à base de sucralose en poudre
- 4 feuilles de gélatine
- 1 sachet de sucre vanillé

Le jour J
- 400 g de framboises
- 4 feuilles de menthe
- 1 cuil. à soupe d'édulcorant à base de sucralose en poudre

1. Faites tremper la gélatine dans un saladier rempli d'eau froide pendant 15 minutes, puis essorez-la.

2. Faites chauffer à feu doux la crème allégée et le lait additionné du sucre vanillé. Quand le mélange arrive à ébullition, retirez du feu. Ajoutez la gélatine, l'édulcorant et remuez.

3. Versez le mélange dans 4 petits ramequins. Laissez légèrement tiédir, couvrez de papier film et placez au frais pour au moins 2 heures.

4. Au moment de servir, démoulez les panna cottas sur 4 assiettes. Décorez d'une feuille de menthe, disposez des framboises autour et saupoudrez légèrement d'édulcorant en poudre.

SPÉCIAL SAVEURS D'ÉTÉ

POLENTA AUX RAISINS

Pour 4 personnes
Préparation : 5 min
Cuisson : 8 min
Conservation : 24 h au réfrigérateur
Repos : 1 h

50 g de polenta instantanée
50 cl de lait
50 g de sucre de canne blond
25 g de raisins secs

1. Dans une casserole, portez le lait à ébullition.

2. Versez le sucre de canne, la polenta et les raisins secs dans un saladier et mélangez. Versez-les en pluie dans la casserole. Fouettez énergiquement et faites cuire à feu doux 3 minutes en remuant constamment.

3. Répartissez la polenta aux raisins dans 4 ramequins. Laissez refroidir à température ambiante, puis réservez au frais.

4. Sortez les ramequins du réfrigérateur 1 heure avant de déguster.

SPÉCIAL SAVEURS D'AUTOMNE

FLAN À LA MANGUE
et au lait de coco

Pour 6 personnes
Préparation : 20 min
Cuisson : 25 min
Conservation : 24 h au réfrigérateur

1 mangue
40 cl de lait de coco
70 g de fécule de maïs
3 œufs
40 g de sucre roux
30 g de noix de coco râpée
½ sachet de poudre à lever
1 pincée de sel

1. Préchauffez le four à 180 °C (th. 6). Pelez, dénoyautez et coupez la mangue en dés, puis disposez-les dans un plat à gratin.

2. Mélangez la fécule de maïs, le sucre, la poudre à lever et le sel. Ajoutez les œufs entiers, puis le lait de coco. Versez le mélange sur les dés de mangue. Faites cuire au four 15 minutes.

3. Saupoudrez le flan de noix de coco râpée et remettez au four pour 10 minutes. Laissez refroidir et réservez au frais jusqu'au moment de servir.

FLAN PÂTISSIER AU MILLET

Pour 8 personnes
Préparation : 10 min
Cuisson : 40-45 min
Conservation : 24 h au réfrigérateur
Repos : 1 h

75 cl de lait végétal
3 œufs
180 g de sucre de canne blond
75 g de fécule de maïs
45 g de farine de millet
½ cuil. à café de vanille en poudre
Un peu de beurre pour le moule

1. Dans un saladier, versez le sucre de canne, la fécule de maïs, la farine de millet et la vanille en poudre. Ajoutez les œufs et fouettez jusqu'à l'obtention d'un mélange homogène.

2. Préchauffez le four à 180 °C (th. 6). Dans une casserole, portez le lait à frémissement. Versez le lait chaud en filet sur le mélange aux œufs et remuez, puis reversez le tout dans la casserole. Faites chauffer à feu moyen en remuant régulièrement jusqu'à ce que le mélange épaississe.

3. Répartissez la préparation dans un moule à manqué beurré de 25 cm de diamètre et enfournez pour 35 minutes.

4. Laissez refroidir et réservez au frais. Sortez le flan du réfrigérateur 1 heure avant de déguster.

SPÉCIAL
SAVEURS D'AUTOMNE

FLAN PÂTISSIER
au lait d'avoine et thé vert

Pour 6 personnes
Préparation : 10 min
Cuisson : 45 min
Réfrigération : 3 h
Conservation : 24 h au réfrigérateur

100 g de farine + 1 cuil. à soupe pour le moule
75 g de sucre en poudre
3 œufs
50 cl de lait d'avoine
1 cuil. à café de thé vert matcha en poudre
10 g de beurre pour le moule

SPÉCIAL
SAVEURS VENUES D'AILLEURS

1. Préchauffez le four à 180 °C (th. 6).

2. Faites fondre le beurre au micro-ondes à faible puissance puis, à l'aide d'un pinceau, badigeonnez le fond et les bords d'un moule à manqué. Ajoutez 1 cuillerée à soupe de farine dans le moule, puis secouez pour bien répartir la farine sur toute la surface.

3. Dans un saladier, versez la farine, la poudre de thé vert matcha et le sucre en poudre. Mélangez à l'aide d'une cuillère en bois.

4. Creusez un puits au centre du saladier. Cassez les œufs dans un bol, battez-les légèrement avec une fourchette et versez-les dans le puits. Mélangez avec une cuillère en bois. Ajoutez le lait d'avoine et délayez avec la cuillère en bois, puis mélangez avec le fouet jusqu'à l'obtention d'une préparation bien lisse.

5. Versez dans le moule. Enfournez pour 45 minutes. Sortez le flan du four et laissez refroidir à température ambiante. Laissez-le ensuite 3 heures minimum au réfrigérateur avant de démouler.

CLAFOUTIS AUX FRUITS *de saison*

Pour 8 personnes
Préparation : 15 min
Cuisson : 45 min + 5 min
Conservation : 24 h au réfrigérateur

500 g de fruits de saison
3 œufs
50 cl de lait
150 g de sucre de canne blond
150 g de farine de blé T65
1 cuil. à café d'une épice au choix (vanille, cannelle, cardamome...) en poudre
Un peu de beurre pour le moule

1. Lavez les fruits et coupez-les en petits cubes.

2. Dans un saladier, versez le sucre de canne, la farine et l'épice choisie. Faites un puits et incorporez les œufs. Travaillez énergiquement la pâte avec une cuillère en bois en délayant progressivement avec le lait.

3. Préchauffez le four à 180 °C (th. 6).

4. Répartissez les fruits coupés dans un moule à gratin beurré de 28 x 22 cm. Recouvrez du mélange précédent et enfournez pour 45 minutes. Laissez refroidir et réservez au frais.

5. Au moment de servir, préchauffez le four à 150 °C (th. 5) et enfournez le clafoutis pour quelques minutes. Dégustez tiède avec une boule de glace à la vanille.

SPÉCIAL
SAVEURS D'ÉTÉ

CLAFOUTIS D'ABRICOTS
aux amandes

Pour 6 personnes
Préparation : 10 min
Cuisson : 35-40 min
Repos : 10 min
Conservation : 24 h au réfrigérateur

1,2 kg d'abricots, mûrs mais fermes
100 g de poudre d'amandes
50 g d'amandes effilées
3 œufs
2-3 gouttes d'extrait d'amande amère
60 g de beurre + un peu pour le moule
40 cl de lait
50 g de farine
2 cuil. à soupe de fécule de maïs
130 g de sucre glace
1 pincée de sel

1. Faites très légèrement dorer les amandes effilées à sec, dans une poêle antiadhésive.

2. Préchauffez le four à 180 °C (th. 6). Beurrez un plat à four de 5 cm de haut (30 x 20 cm ou 26 cm de diamètre). Faites fondre le beurre.

3. Cassez les œufs dans un grand bol et fouettez-les avec le sucre glace et la fécule de maïs. Incorporez ensuite progressivement la poudre d'amandes, la farine, le beurre fondu et le sel, puis délayez avec le lait en remuant, jusqu'à l'obtention d'une consistance lisse et onctueuse. Ajoutez l'extrait d'amande amère.

4. Essuyez les abricots avec un linge humide. Coupez-les en deux, dénoyautez-les et disposez-les dans le moule. Parsemez avec la moitié des amandes, versez uniformément la pâte, puis répartissez l'autre moitié des amandes en surface. Enfournez et faites cuire 30 à 35 minutes. À la sortie du four, laissez refroidir et réservez au frais jusqu'au moment de servir.

SPÉCIAL SAVEURS D'ÉTÉ

CRUMBLE DE FLOCONS
d'avoine aux poires

Pour 8 personnes
Préparation : 8 min
Cuisson : 30 min
Conservation : 24 h au réfrigérateur

- 800 g de poires
- 100 g de beurre + un peu pour le moule
- 100 g de farine de blé T65
- 100 g de sucre de canne blond
- 100 g de flocons d'avoine
- ½ cuil. à café de cannelle en poudre
- 1 pincée de sel

1. Préchauffez le four à 180 °C (th. 6).

2. Pelez les poires et coupez-les en petits morceaux. Répartissez-les dans un moule à gratin beurré rectangulaire de 28 x 22 cm.

3. Dans un saladier, versez la farine, le sucre de canne, les flocons d'avoine, la cannelle en poudre et le sel.

4. Ajoutez le beurre froid coupé en morceaux et mélangez du bout des doigts. Lorsque la pâte commence à s'amalgamer, travaillez-la de manière à conserver de petits morceaux. Parsemez le crumble ainsi obtenu sur les poires.

5. Enfournez pour 30 minutes. Laissez refroidir et réservez au frais jusqu'au moment de servir.

SPÉCIAL
SAVEURS D'AUTOMNE

CRUMBLE DE FRUITS À COQUE
aux nectarines et aux framboises

Pour 8 personnes
Préparation : 15 min
Cuisson : 30 min
Conservation : 24 h au réfrigérateur

80 g d'un mélange d'amandes, noisettes et pistaches
6 nectarines
250 g de framboises
120 g de farine de blé T65
100 g de sucre de canne blond
100 g de beurre + un peu pour le moule
½ cuil. à café de cannelle en poudre
1 pincée de sel

1. Préchauffez le four à 180 °C (th. 6).

2. Mixez au hachoir électrique les amandes, les noisettes et les pistaches jusqu'à obtenir une poudre fine.

3. Lavez les nectarines et coupez-les en petits cubes de 1 cm de côté. Répartissez-les avec les framboises dans un moule à manqué beurré de 22 cm de diamètre.

4. Dans un saladier, versez la poudre mixée ainsi que le sucre de canne, la farine de blé, la cannelle et le sel.

5. Ajoutez le beurre froid coupé en morceaux et mélangez du bout des doigts. Lorsque la pâte commence à s'amalgamer, travaillez-la de manière à conserver de petits morceaux. Parsemez le crumble sur les fruits.

6. Enfournez pour 30 minutes. Laissez refroidir et réservez au frais jusqu'au moment de servir.

POUR LES GRANDES TABLÉES

GÂTEAU SUPERFACILE
aux prunes

Pour 8 personnes
Préparation : 15 min
Cuisson : 35 min
Conservation : 24 h au réfrigérateur

300 g de prunes
1 tasse de farine de riz
2 tasses de farine de blé
1 tasse de lait de soja
3 œufs
1 tasse d'huile de colza
½ tasse de sucre roux + 1 cuil. à soupe
½ tasse de poudre d'amandes
1 sachet de poudre à lever
1 pincée de sel

1. Préchauffez le four à 180 °C (th. 6). Mélangez dans un saladier la farine de riz, la farine de blé, le sucre roux, la poudre à lever, la poudre d'amandes et le sel. Mélangez.

2. Ajoutez le lait de soja, l'huile de colza et les œufs. Remuez à la spatule pour obtenir une pâte lisse.

3. Versez la pâte dans un moule rond. Dénoyautez les prunes et coupez-les en deux. Répartissez les demi-prunes sur la pâte.

4. Saupoudrez de 1 cuillerée à soupe de sucre et faites cuire 35 minutes au four. Démoulez et réservez au frais jusqu'au moment de servir.

POUR LES GRANDES TABLÉES

MOELLEUX AU CITRON

Pour 6 personnes
Préparation : 10 min
Cuisson : 25 min
Conservation : 48 h dans une boîte hermétique

4 œufs
1 citron
100 g de sucre de canne blond
50 g de poudre d'amandes
50 g de farine de blé T65
80 g de beurre + un peu pour le moule
2 cuil. à soupe de sucre glace
1 cuil. à café de poudre à lever

ENFANTS SAGES

1. Dans une petite casserole, faites fondre le beurre. Lavez le citron et essuyez-le. Prélevez le zeste et pressez le citron. Séparez les blancs des jaunes d'œufs. Battez les blancs en neige jusqu'à ce qu'ils soient fermes.

2. Dans un saladier, versez le sucre de canne, la poudre d'amandes, la farine de blé et la poudre à lever et mélangez.

3. Ajoutez le beurre fondu, les jaunes d'œufs, le zeste et le jus du citron, puis remuez jusqu'à l'obtention d'une pâte homogène. Incorporez un quart des blancs d'œufs à l'aide d'un fouet pour rendre le mélange lisse, puis ajoutez le reste des blancs et remuez délicatement avec une spatule jusqu'à complète incorporation des blancs.

4. Préchauffez le four à 170 °C (th. 5-6). Versez la pâte dans un moule à manqué beurré de 20 cm de diamètre. Enfournez pour 25 minutes environ. Vérifiez la cuisson : la pointe d'un couteau doit ressortir sèche. À la sortie du four, laissez reposer jusqu'à complet refroidissement.

5. Lorsque le gâteau est froid, démoulez-le délicatement et déposez-le sur un plat de service. Saupoudrez de sucre glace à l'aide d'une petite passoire au moment de servir.

CARROT CAKE

Pour 8 personnes
Préparation : 15 min
Cuisson : 45 min
Conservation : 48 h dans une boîte hermétique

250 g de sucre de canne blond
250 g de farine de blé T80
50 g de carottes
3 œufs
10 cl d'huile d'olive
2 cuil. à café de poudre à lever
2 cuil. à café de cannelle en poudre
1 cuil. à café de gingembre en poudre
¼ cuil. à café de noix de muscade en poudre
Un peu de beurre pour le moule
½ cuil. à café de sel

1. Pelez et râpez les carottes. Dans un saladier, mélangez les œufs et l'huile. Ajoutez les carottes et remuez de nouveau.

2. Incorporez le sucre de canne, la farine, la poudre à lever, la cannelle, le gingembre, la noix de muscade et le sel, et mélangez sans trop travailler la pâte.

3. Préchauffez le four à 170 °C (th. 5-6).

4. Versez la pâte dans un moule à manqué beurré de 22 cm de diamètre. Enfournez pour 45 minutes : la lame d'un couteau piquée dans le gâteau doit ressortir sèche. Démoulez au bout de 15 minutes et réservez dans une boîte hermétique jusqu'au moment de servir.

POUR LES GRANDES TABLÉES

Carrot Cake

MUFFINS DE PETIT ÉPEAUTRE *aux fruits*

Pour 6 muffins
Préparation : 15 min
Cuisson : 25 min
Conservation : 48 h dans une boîte hermétique

125 g de farine de petit épeautre
75 g de fruits
60 g de sucre de canne blond
40 g de beurre + un peu pour les moules
1 œuf
10 cl de lait
1 cuil. à soupe de sucre (facultatif)
1 cuil. à café de poudre à lever
1 pincée de sel

1. Préchauffez le four à 200 °C (th. 6-7). Lavez les fruits et coupez-les en petits cubes.

2. Dans une petite casserole, faites fondre le beurre. Dans un récipient, battez l'œuf avec le lait et le beurre fondu.

3. Dans un saladier, versez le sucre de canne, la farine, la poudre à lever, le sel et amalgamez. Ajoutez le mélange liquide et remuez juste assez pour incorporer la farine.

4. Beurrez les alvéoles de moules à muffins. Répartissez la pâte aux deux tiers. Déposez de petits morceaux de fruits et enfoncez-les légèrement dans la pâte. Saupoudrez éventuellement de sucre.

5. Enfournez les muffins pour 25 minutes. Vérifiez la cuisson en piquant avec la pointe d'un couteau : elle doit ressortir sèche. Laissez tiédir les muffins, puis démoulez-les et réservez-les dans une boîte hermétique.

SPÉCIAL SAVEURS D'ÉTÉ

GÂTEAU INVISIBLE POMME, *poire et amande*

Pour 8 personnes
Préparation : 20 min
Cuisson : 55 min
Réfrigération : 2 h
Conservation : 48 h au réfrigérateur

À préparer à l'avance
500 g de pommes
500 g de poires (comice, conférence, louise-bonne)
15 cl de lait d'amande
2 cuil. à soupe de purée d'amandes blanches
2 œufs
85 g de sucre de canne blond
80 g de fécule de maïs
1 cuil. à soupe de sirop d'orgeat
Un peu de beurre pour le moule

Le jour J
30 g d'amandes effilées
Sucre glace

SPÉCIAL SAVEURS D'AUTOMNE

1. Dans un grand saladier, fouettez les œufs avec 60 g de sucre et la purée d'amandes. Ajoutez la fécule de maïs et mélangez jusqu'à l'obtention d'une pâte homogène. Délayez avec le lait d'amande petit à petit pour obtenir une pâte sans grumeaux. Ajoutez le sirop d'orgeat et remuez de nouveau.

2. Préchauffez le four à 190 °C (th. 6-7).

3. Pelez les pommes et les poires, coupez-les en quatre et retirez les trognons. À l'aide d'une mandoline, tranchez les pommes et les poires dans le sens de la longueur en lamelles de 2 mm d'épaisseur. Incorporez-les au fur et à mesure à la pâte en remuant délicatement : les lamelles s'enrobent de pâte.

4. Beurrez un moule à cake de 20 x 10 cm et saupoudrez-le du reste de sucre. Versez les lamelles de fruits dans le moule, tassez et lissez avec le dos d'une cuillère. Enfournez pour 55 minutes. Vérifiez la cuisson avec la pointe d'un couteau : si elle s'enfonce facilement, les fruits sont assez tendres.

5. Laissez refroidir le gâteau à température ambiante avant de le démouler, puis conservez-le au frais (au moins 2 heures).

6. Au moment de servir, faites griller les amandes effilées 3 minutes à la poêle. Saupoudrez le gâteau de sucre glace et d'amandes grillées puis dégustez.

GÂTEAU MANGUE, COCO, *citron vert*

Pour 6 personnes
Préparation : 20 min
Cuisson : 55 min
Réfrigération : 2 h
Conservation : 48 h au réfrigérateur

À préparer à l'avance
- 2 mangues (1 kg)
- 50 g d'huile de coco
- 30 g de noix de coco râpée
- 10 cl de lait de coco
- 85 g de sucre de canne blond
- 75 g de fécule de maïs
- 2 œufs
- Un peu de beurre pour le moule

Le jour J
- 20 g de noix de coco râpée
- 1 citron vert

SPÉCIAL SAVEURS VENUES D'AILLEURS

1. Dans une petite casserole, faites fondre à feu doux l'huile de coco, puis laissez-la tiédir.

2. Dans un grand saladier, fouettez les œufs avec 60 g de sucre. Ajoutez la fécule de maïs et la noix de coco râpée et mélangez jusqu'à l'obtention d'une pâte homogène. Délayez petit à petit avec le lait de coco et 5 cl d'eau pour obtenir une pâte sans grumeaux. Ajoutez l'huile de coco fondue et remuez de nouveau.

3. Préchauffez le four à 190 °C (th. 6-7). Épluchez les mangues. À l'aide d'une mandoline, coupez-les en tranches de 2 mm d'épaisseur dans le sens de la longueur : commencez par un côté charnu, tranchez jusqu'au noyau, puis recommencez de l'autre côté. Incorporez les tranches au fur et à mesure dans la pâte en remuant délicatement : elles s'enrobent de pâte.

4. Beurrez un moule rond de 20 cm de diamètre et saupoudrez-le du reste de sucre. Versez la préparation, tassez et lissez avec le dos d'une cuillère. Enfournez pour 55 minutes. Vérifiez la cuisson avec la pointe d'un couteau : si elle s'enfonce facilement, les mangues sont assez tendres.

5. Faites refroidir le gâteau à température ambiante avant de le démouler, puis conservez-le au frais (au moins 2 heures).

6. Au moment de servir, saupoudrez le gâteau de noix de coco râpée et de zeste de citron vert.

GÂTEAU À L'HUILE D'OLIVE

Pour 8 personnes
Préparation : 10 min
Cuisson : 30 min
Conservation : 48 h dans une boîte hermétique

250 g de farine de blé T65
180 g de sucre de canne blond
10 cl d'huile d'olive
1 yaourt
3 œufs
2 cuil. à café de poudre à lever
Un peu de beurre pour le moule
½ cuil. à café de sel

1. Dans un saladier, versez le sucre de canne, la farine de blé, la poudre à lever et le sel.

2. Ajoutez l'huile, le yaourt et les œufs battus en omelette, puis mélangez jusqu'à l'obtention d'une pâte lisse et homogène.

3. Préchauffez le four à 180 °C (th. 6). Versez la pâte dans un moule à manqué beurré de 28 cm de diamètre. Enfournez pour 30 minutes environ : la lame d'un couteau piquée dans le gâteau doit ressortir sèche.

4. Faites refroidir 15 minutes à température ambiante, puis démoulez et réservez dans une boîte hermétique jusqu'au moment de servir.

FONDANT AU CHOCOLAT

Pour 6 personnes
Préparation : 10 min
Cuisson : 20 min
Conservation : 48 h dans une boîte hermétique

125 g de pépites de chocolat noir
110 g de beurre + un peu pour le moule
100 g de sucre de canne blond
50 g de farine de blé T65
3 œufs
1 pincée de sel

1. Dans une petite casserole, faites fondre le beurre.

2. Dans un saladier, versez les pépites de chocolat, le sucre de canne, la farine et le sel. Mélangez à l'aide d'une cuillère en bois.

3. Ajoutez le beurre fondu et remuez bien. Incorporez les œufs et fouettez énergiquement jusqu'à obtenir une pâte lisse.

4. Préchauffez le four à 180 °C (th. 6). Versez la pâte dans un moule beurré carré de 18 cm de côté. Enfournez pour 20 minutes. Laissez tiédir à température ambiante avant de démouler.

QUATRE-QUARTS
citron vert-fromage blanc

Pour 6 personnes
Préparation : 20 min
Cuisson : 35 min
Conservation : 48 h dans une boîte hermétique

175 g de farine + un peu pour le moule
2 citrons verts
150 g de fromage blanc
120 g de rapadura
7 cl de beurre + un peu pour le moule
3 œufs
1 sachet de poudre à lever

ENFANTS SAGES

1. Préchauffez le four à 180 °C (th. 6).

2. Lavez et séchez les citrons verts et prélevez les zestes avec un zesteur, en veillant à ne garder que le vert et pas le blanc de la peau, qui est amer. Pressez les citrons verts pour extraire le jus. Faites fondre le beurre dans une casserole.

3. Cassez les œufs dans un saladier, puis ajoutez le fromage blanc. Mélangez bien à l'aide d'un fouet jusqu'à ce que la préparation soit homogène. Ajoutez ensuite le beurre fondu et le jus de citron vert, puis mélangez de nouveau.

4. Dans un second saladier, versez la farine, le rapadura et la poudre à lever et mélangez avec une cuillère en bois. Creusez un puits et ajoutez petit à petit la première préparation en mélangeant avec la cuillère en bois, puis avec le fouet jusqu'à ce que l'appareil soit bien lisse.

5. Beurrez et farinez un moule à manqué et versez-y la préparation. Enfournez pour 35 minutes. Vérifiez la cuisson en enfonçant la pointe d'un couteau dans le gâteau. Si elle ressort sèche, le gâteau est cuit.

6. Sortez du four, faites tiédir 10 minutes, puis démoulez et laissez refroidir sur une grille. Réservez dans une boîte hermétique jusqu'au moment de servir.

GÂTEAU RENVERSÉ À L'ANANAS

Pour 8 personnes
Préparation : 30 min
Cuisson : 40 min
Conservation : 48 h au réfrigérateur

6 tranches d'ananas
120 g de morceaux d'ananas en boîte (et le jus)
1 pot de yaourt à la noix de coco
3 pots de farine
3 œufs
50 g de sucre roux
40 g de noix de coco râpée
1 pot de sucre semoule
35 g de beurre + 10 g pour le moule
½ pot d'huile de tournesol
1 sachet de poudre à lever

POUR LES GRANDES TABLÉES

1. Préchauffez le four à 180 °C (th. 6). Faites fondre 10 g de beurre au micro-ondes à faible puissance puis, à l'aide d'un pinceau, beurrez un moule à manqué de 22 cm de diamètre. Découpez un disque de papier sulfurisé de la taille du moule et placez-le au fond en le faisant adhérer grâce au beurre. Versez le sucre roux uniformément sur le papier et disposez les tranches d'ananas par-dessus.

2. Versez le yaourt dans un saladier et ajoutez l'huile, les œufs, le beurre, le sucre et 5 cuillerées à soupe de jus d'ananas. Mélangez bien à l'aide d'un fouet jusqu'à l'obtention d'un mélange homogène. Ajoutez ensuite la farine, la poudre à lever et la noix de coco râpée, mélangez avec une cuillère en bois jusqu'à ce que vous obteniez une pâte bien lisse. Ajoutez les morceaux d'ananas, mélangez de nouveau pour les incorporer à la pâte et versez la préparation dans le moule, sur les tranches d'ananas.

3. Enfournez pour 30 minutes. Vérifiez la cuisson en enfonçant la pointe d'un couteau dans le gâteau. Si elle ressort sèche, le gâteau est cuit. Sortez le gâteau, mais gardez le four allumé. Laissez le gâteau tiédir 5 minutes sur une grille.

4. Découpez une feuille de papier sulfurisé de la taille de votre plaque à pâtisserie et placez-la dessus. Retournez le gâteau sur la plaque et enfournez de nouveau pour 10 minutes, afin que le dessus caramélise.

5. Sortez la plaque du four, puis replacez le moule sur le gâteau, retournez de nouveau et versez 10 cuillerées à soupe de jus d'ananas sur le gâteau retourné. Placez le moule sur une grille et laissez refroidir complètement avant de le démouler sur un plat. Réservez au réfrigérateur jusqu'au moment de servir.

INDEX DES RECETTES

CRÉDITS

Recettes – Véronique Liégeois : 6, 8, 10, 12, 14, 18, 28, 30, 32, 158, 161 ; Dorian Nieto : 16, 23, 24, 26, 44, 46, 54, 56, 78, 84, 86, 88, 90, 92, 135 ; Marion Beilin : 20, 42, 70, 94 ; Zoe Armbruster : 22, 57 ; Ingrid Bernard : 34, 58 ; Céline Mennetrier : 36, 48, 50, 52, 60, 62, 64, 66, 68, 72, 74, 76, 80, 82, 118, 146, 148, 150, 152, 154, 160 ; Martine Lizambard : 38, 40 ; Lucia Pantaleoni : 83 ; Julie Soucail : 96, 98, 100, 102, 104, 106, 108, 120 ; Véronique Cauvin : 108, 112, 114, 116, 122, 126, 130, 132, 136, 138 ; Solveig Darrigo-Dartinet : 109, 124, 134, 140, 142 ; Julie Bocage : 110, 128 ; Emilie Laraison : 144, 156.

Photographies – Guillaume Czerw / Sophie Dupuis-Gaulier : 7, 9, 11, 13, 15, 19, 29, 31, 33, 49, 53, 61, 67, 69, 75, 77, 81, 82 ; Dorian Nieto : 17, 23, 25, 27, 45, 47, 55, 56, 79, 85, 87, 89, 91, 93, 135 ; Amandine Honegger / Sylvie Rost : 21, 43, 71, 95 ; Zoe Armbruster : 22, 57 ; Ingrid Bernard : 35, 59 ; Nathalie Carnet / Lucie Dauchy : 37, 51, 63, 65, 73, 119 ; Eric Fénot / Delphine Brunet : 39, 41, 109, 125, 134, 141, 143 ; Valéry Guedes / Audrey Cosson : 83 ; La Food / Julie Soucail : 97, 99, 101, 103, 105, 107, 121 ; Bernard Radvaner : 108, 113, 115, 117, 123, 127, 131, 133, 137, 139 ; Nathalie Carnet / Manuelle Chantepie : 111, 129 ; Emilie Laraison : 145.